L'AFFAIRE DUMAS

Hervé Gattegno

L'Affaire Dumas

Stock

Prologue

C'est une de ces images que les cameramen de télévision affectionnent. Prise « sur le vif », elle chancelle un peu et dit beaucoup. Il est près de midi, ce 27 janvier 1998, lorsque Roland Dumas surgit du porche d'un petit immeuble du quai de Bourbon, dans l'île Saint-Louis, dont le rez-de-chaussée abrite son appartement et son bureau privé. Une petite foule de badauds, de journalistes et de policiers s'est massée là, sur la chaussée en contrebas de laquelle coule la Seine. Des voitures stationnent sur le trottoir, gênant la circulation. Lorsque les photographes s'avancent vers lui, le président du Conseil constitutionnel sourit, mais d'un sourire figé qui trahit la nervosité. On le voit, sanglé dans un imperméable couleur taupe à col de fourrure, s'approcher d'une voiture, une limousine officielle bleu marine. La portière s'ouvre. Au moment où il pénètre dans la voiture, un policier en costume-cravate, d'une main experte, lui appuie sur la tête puis, d'un même mouvement, le pousse à l'intérieur du véhicule.

Dans les heures qui suivent, la scène sera diffusée en boucle par les chaînes de télévision, et avec elle l'image, quasi subliminale, de ce personnage flamboyant, figure éminente de la vie politique française, président de la plus haute juridiction du pays, s'inclinant par la force devant la justice et ses représentants. Les images sont trompeuses, bien sûr. Nul ne sait alors combien l'affrontement qui vient de se dérouler, dans l'huis-clos d'une perquisition, a été tendu, presque oppressant. « Une guerre des nerfs », dira plus tard l'un des témoins de la scène. Un bras de fer psychologique dont chacun se doute qu'il ne fait que commencer et dont on cherche déjà à deviner l'issue. Postées face à la sortie, les caméras filmeront les deux juges d'instruction, Eva Joly et Laurence Vichnievsky, visages impassibles, franchissant le porche sur les pas de Roland Dumas, pour s'engouffrer à leur tour, l'une à sa droite, l'autre à sa gauche, dans la voiture, avant que celle-ci ne démarre en trombe, dans un bruit de sirènes. Sur la banquette arrière, encadré par les deux magistrates, il regarde droit devant lui, sans desserrer les mâchoires.

Ainsi débute l'« affaire Dumas ». Par une intrusion brutale et spectaculaire dans une existence tranquille et honorée. Par un coup de force judiciaire, au terme de plusieurs semaines d'hésitations. Pour Roland Dumas, le coup est rude parce qu'il est public. Les policiers ont sonné à sa porte peu après 7 h 30. L'Agence France-Presse a annoncé l'arrivée des enquêteurs peu après 9 heures. Une demi-heure plus tard, alors que les radios martelaient l'information, les télévisions étaient sur place et flottait sur le quai comme une ambiance de fait divers.

La mécanique médiatico-judiciaire n'est jamais longue à s'enclencher. La perquisition devient alors l'expression publique d'un soupçon. Un soupçon jusqu'ici ignoré, mais qui doit peser bien lourd, pour avoir entraîné deux juges, contre les usages, les convenances – et contre toute attente – jusque chez le président du Conseil constitutionnel. Investir ses résidences, ouvrir ses tiroirs, s'emparer de ses carnets, de ses agendas, n'est-ce pas la façon la plus voyante de fouiller la vie d'un homme public – et, par là, d'en suggérer les zones d'ombre ?

De cette irruption matinale, c'est peut-être Roland Dumas lui-même qui fut le moins surpris. Ancien avocat, ancien ministre, il est homme d'instinct autant que de réseaux. Il n'avait pas tardé à savoir, dès l'automne 1997, que les juges avaient été les destinataires d'une série de lettres anonymes, plus ou moins précises, dans lesquelles son nom était cité. Peut-être même avait-il pu lire cette « *note blanche* » émanant de l'un de ces services spéciaux que les gouvernements démocratiques aiment à multiplier, comme pour mieux en circonscrire l'influence. À coup sûr, on lui en aura au moins livré le contenu, lapidaire. Ne portant ni en-tête, ni date, ni signature, le document – qui avait circulé dans les milieux politiques et dans certaines rédactions parisiennes – affirmait, sans grand détail, que « deux anciens ministres étaient susceptibles d'être inquiétés, à moyen terme, par les développements de l'"affaire Elf" ». Les deux personnages étaient nommément désignés : le premier nom cité était celui d'un baron du RPR ; le second, celui de Roland Dumas.

D'où pouvait venir pareille information ? Mystère. Membre redouté de la galerie d'instruction financière du Palais de justice de Paris, Eva Joly était alors auditrice à l'Institut des hautes études de la Défense nationale (IHEDN), dont elle suivait les sessions et les stages parallèlement à ses dossiers judiciaires. Dans cet environnement peuplé de militaires où les services de renseignements envoient eux aussi, chaque année, quelques-uns de leurs membres, elle pouvait s'être laissée aller à d'imprudentes confidences. Chargée de l'enquête, tenue pour particulièrement sensible, sur les détournements commis au préjudice d'Elf-Aquitaine entre 1989 et 1993, la magistrate disposait en outre d'une protection rapprochée depuis le mois de juin 1996. Deux policiers l'accompagnaient, depuis, dans chacun de ses déplacements. Eux aussi pouvaient en avoir trop entendu – et avoir rendu compte à leurs supérieurs. Restait encore, bien sûr, la hiérarchie judiciaire, sans oublier les nombreux avocats qui fréquentent son cabinet et avec lesquels elle ne déteste pas, à l'occasion, échanger quelques impressions lorsque se fait trop pesante la solitude du juge d'instruction…

Quelques confidences, en tout cas, avaient suffi à alerter le président du Conseil constitutionnel. L'instinct a fait le reste. Entré de plain-pied dans la carrière politique aux côtés de François Mitterrand dans les années soixante-dix, Roland Dumas est resté un avocat. La fréquentation des cabinets d'instruction, la connaissance des procédures, l'expérience des dossiers sensibles lui ont laissé plus que des souvenirs. « Un avocat, écrivait-il en 1977, c'est un juriste, bien sûr, mais aussi un enquêteur, un confesseur, un comptable, un critique littéraire, un expert en tableaux, un expert maritime, un historien, un psychiatre, un moraliste, un spécialiste en balistique[1]. » Lui-même fut, sans doute, encore bien davantage. Mieux que d'autres, il sait que l'enquête judiciaire est une chasse, à laquelle certains juges prennent plaisir. Suivre la piste, relever les plus petits indices, puis cerner le gibier sans avancer vers lui : tout cela peut prendre du temps, mettre à l'épreuve les patiences, avant que n'arrive l'heure fatidique de l'assaut. A-t-il senti venir la traque ? Assurément. À soixante-quinze ans, il s'est bientôt senti gibier.

« *On me cherche* », avait-il glissé à quelques proches avant même que *Le Monde* ne titre, à la

1. Roland Dumas, *Les Avocats*, Grasset, 1977, p. 120.

une de son édition du 15 novembre 1997 : « *Deux juges enquêtent sur l'entourage de Roland Dumas* ». Le président du Conseil constitutionnel se trouve alors à Hanoi, où il accompagne le président de la République, Jacques Chirac, au sommet de la Francophonie. Il juge l'intitulé « détestable », mais continue à donner le change, ne laissant paraître aucune inquiétude, affichant cette tranquille assurance que l'on prendrait sans peine pour de la désinvolture. Qu'importe si l'on murmure dans son entourage qu'il est touché. Il a du courage à revendre. Certes, il a toujours détesté l'affrontement : chef de la diplomatie française de 1984 à 1986, puis de 1988 à 1993, il a toujours été présenté comme un négociateur, un spécialiste de l'« *arrangement* ». Mais, cette fois, il sait qu'il n'y aura rien à négocier. Au début du mois de décembre, au cours de plusieurs conversations informelles, Eva Joly a évoqué, à voix haute et devant témoins, l'hypothèse d'une perquisition chez lui. L'information est parvenue jusqu'à ses oreilles. Quelques jours avant Noël, le groupe d'enquêteurs de la brigade financière qui assiste les juges dans leur enquête sur l'affaire Elf a même été discrètement mis en alerte. Détail révélateur : les policiers se sont procuré les différentes adresses – personnelles et professionnelles – de Roland Dumas.

Un plan de bataille qui suit le parcours d'une vie. Du moins en partie. Il y a Saint-Selve, près de Bordeaux, où il possède une vieille maison de pierre qui constitue, depuis des années, la résidence principale de son épouse, Anne-Marie; Chamonix, où il dispose d'un chalet; la Dordogne, où il brigua à trois reprises – deux fois avec succès – un siège de député, entre 1981 et 1993; Paris, enfin, où il compte trois domiciles : un hôtel particulier, rue de Bièvre, qui abrite son cabinet d'avocat, un appartement de fonction au palais Montpensier, siège du Conseil constitutionnel, et l'appartement du quai de Bourbon, acheté en 1956 avec ses premières indemnités parlementaires, et dont les murs ont abrité l'atelier de Camille Claudel. Le 27 janvier 1998, il y accueillera les juges en lançant, voix sifflante et sourire provocant, ces mots qui les laisseront sans voix : « C'est ici que Camille Claudel a passé ses derniers instants de liberté avant d'être internée dans un asile psychiatrique, sur l'ordre de son frère. J'espère qu'on ne me réserve pas le même sort… »

Tel est Roland Dumas. Bravache jusqu'à la forfanterie, hautain jusqu'au mépris, charmeur jusqu'à l'excès. Jamais repu d'honneurs ni de plaisirs, toujours prêt à se rire du danger. Lycéen à Limoges, sa ville natale, durant l'Occupation, c'était un élève studieux en même temps qu'un résistant en culottes courtes, tirant des tracts anti-allemands sur une petite imprimerie achetée avec quelques camarades, dessinant à la peinture des Croix-de-Lorraine sur les drapeaux français. À Lyon, la ville de ses études de droit, il fut arrêté en mai 1942, emprisonné puis enrôlé dans les

« chantiers de jeunesse » du régime de Vichy, pour avoir perturbé, avec un groupe de jeunes gens décidés, un concert de l'Orchestre philharmonique de Berlin. Ainsi s'embarqua-t-il pour l'aventure, par imprudence sinon par mégarde. Une photographie de l'époque[1] le montre dans une rue de la capitale des Gaules, vêtu d'un long manteau de laine, un chapeau à la main, conversant derrière un arbre avec un camarade, une valise à leurs pieds. Le jeune Dumas porte la moustache, fume une cigarette, et son regard est celui d'un homme inquiet.

La suite de l'histoire est connue : la mort tragique du père, Georges Dumas, fusillé par les Allemands le 26 mars 1944 à Brantôme, en Dordogne, quelques mois avant la Libération, reste la référence obligée de tous les portraits, de toutes les – brèves – tentatives biographiques qui lui ont été consacrées depuis que le destin, l'ambition et l'obstination l'ont mené jusqu'au gouvernement. Tout a été écrit sur ce drame déterminant, cette blessure intime jamais cicatrisée, dont le futur ministre a toujours gardé, comme un *Rosebud* personnel, l'annonce par sa mère, griffonnée à la hâte sur une feuille de papier quadrillé : « Mon pauvre Roland, avait-elle écrit, il eût mieux valu ne pas rentrer à Limoges, le malheur qui nous frappe est épouvantable... » Ce père héroïque, fonctionnaire du Trésor et membre du

1. Cette photographie est reproduite dans *Le Fil et la Pelote*, Plon, 1996.

parti socialiste clandestin, notable limousin et dirigeant départemental de l'Armée secrète, laissait à son fils aîné un héritage en forme de défi. Un parrainage posthume aussi, lorsque le fils du résistant fusillé se lancera, en terre limousine, dans la carrière politique. Sa première campagne législative, en janvier 1956, dans une circonscription de Haute-Vienne vouée à l'antigermanisme, est victorieuse. Le fantôme de Brantôme n'y est sûrement pas pour rien. Son talent personnel non plus. Prévoyant, le jeune homme a aussi adhéré – il ne s'en cachera jamais – à la franc-maçonnerie. Toujours en souvenir de son père, qui lui avait fait part, avant la guerre, de son désir d'intégrer une loge.

Le legs paternel apporte aussi à l'avocat débutant ses premiers dossiers, qui constitueront les prémices d'une grande carrière. Des amis de Georges Dumas ont recommandé ses services à une haute figure de la Résistance limousine, Georges Guingouin : instituteur communiste autoproclamé «*préfet du maquis*» durant l'Occupation, puis élu maire de Limoges à la Libération, il est accusé, en 1953, d'avoir ordonné des exécutions sommaires. Il désigne Roland en souvenir de son père, et ne le regrettera pas : il sera acquitté. L'année suivante, devant le tribunal militaire, le jeune Dumas fera innocenter un autre ami de son père, Jean Mons, secrétaire général de la Défense nationale, accusé d'avoir transmis des informations secrètes au parti communiste. Dans ce que les journaux de l'époque ont baptisé l'« affaire des fuites », une autre personnalité se voit injustement soupçonnée : le ministre de l'Intérieur du gouvernement de Pierre Mendès France, François Mitterrand. « L'homme auquel j'ai attaché une bonne part de ma carrière politique et de mes sentiments personnels », dira, plus tard, Roland Dumas[1].

Le mitterrandisme, bien sûr, est l'autre pièce essentielle du puzzle. Il en sera l'une des figures les plus éclatantes, mais aussi l'une des plus controversées, avant d'en devenir le dernier symbole, ultime survivant d'un compagnonnage issu des derniers temps de la Résistance, puis de la IVe République, qui a survécu aux épreuves du temps comme du pouvoir. Depuis la mort de François Mitterrand, Roland Dumas joue aussi les conservateurs attentifs, président de l'institut consacré à l'ancien président et, à ce titre, gardien de sa mémoire – pour ne pas dire de ses secrets.

Dès 1956, lorsqu'il entre à l'Assemblée Nationale, le jeune Dumas, nouvel élu de la Haute-Vienne, siège sur les bancs de l'UDSR, le petit parti de gauche de René Pleven et de François Mitterrand. Déjà expert en science électorale, le futur président de la République s'est laissé bluffer, dit-on, par le succès inattendu de ce jeune homme prometteur mais – déjà – contesté. Au lendemain des élections, Guy Mollet songe sérieusement à lui confier, dans le gouvernement qu'il

1. Roland Dumas, *Le Fil et la Pelote, op. cit.*, p. 10.

constitue, le portefeuille des Postes et Télécommunications. Mais les orthodoxes de la SFIO l'en dissuadent. Dumas est jugé trop original, trop indépendant, trop incontrôlable. Ce ne sera pas la dernière fois. Prompt à repérer les hommes de bonne volonté, Mitterrand lui fait signe. Il a besoin de personnalités décidées, fidèles et entreprenantes. C'est dans son sillage qu'au cours des quarante années suivantes, Roland Dumas écrira les plus belles pages de son aventure personnelle, cette trajectoire balzacienne qui conduit un jeune provincial démuni jusqu'aux sommets de l'État, de la fortune et de la reconnaissance, l'enfant de Limoges à la table des artistes les plus illustres, des chefs d'État étrangers et des grands de ce monde... Pour le fils du fusillé de Brantôme dont une avenue de Limoges porte encore le nom, la carrière est une revanche. Il est gourmand de réussite, n'aime pas partager et ne veut pas choisir. Il aime les voyages, l'opéra, la peinture, les affaires, l'argent, le luxe, les femmes, l'influence. Il se passionne pour la diplomatie plus que pour la politique. Il abandonne volontiers sa robe d'avocat pour un ministère, mais à condition de garder le fil avec ses clients. Il veut tout à la fois. On le lui reproche, et il le sait.

À peine s'est-il fait élire député que, déjà, il paraît hésiter. Il déserte sa terre natale, s'installe à Paris et joue les Rastignac. En 1958, lorsque s'écroule la IVe République, refroidi par une défaite aux cantonales à Limoges, il prend ses distances avec la politique pour s'investir totalement dans le barreau. Il ne reprendra du service qu'en 1965, aux côtés de François Mitterrand, candidat à l'élection présidentielle contre de Gaulle. À l'avenir, il filera de circonscription en circonscription, de Brive à Périgueux, de Périgueux à Sarlat, député à éclipses, volage et désinvolte, tel un infatigable don Juan, pressé de poursuivre sa course pour mettre des kilomètres entre lui et ses dernières promesses. Ou peut-être confus d'avoir si peu que ce fût profité de la mort de son père pour forger ses premières victoires.

Du parrainage de François Mitterrand, en revanche, c'est peu dire qu'il a joui sans pudeur. Au même titre qu'un François de Grossouvre ou un André Rousselet, autres proches de l'homme d'Épinay, il s'est longtemps flatté d'exécuter pour lui certaines missions de confiance sans même avoir pris la carte du parti socialiste. Preuve que la relation avec le Chef était avant tout personnelle. Il n'a pourtant jamais été membre du « premier cercle », celui des amis les plus anciens, pas plus que de celui – très étroit – du tutoiement. Mais il a, comme Mitterrand, le goût du pouvoir, l'éternel désir de séduire, la passion des femmes. Et partage avec lui bon nombre de secrets. Ce n'est pas un intime, mais c'est un ami. Pour le futur Président, il appartient surtout à la « confrérie de l'Observatoire », ce clan informel mais toujours solidaire des hommes qui l'ont soutenu, assisté, protégé après la machination du faux attentat de l'Observatoire, en 1959, qui faillit compromettre sa carrière et qui bafoua son honneur. Un soir, en pleine affaire, alors que son nom était à la une de tous les journaux, son avocat, Georges Izard, avait dit en se couchant : « Cette nuit, il se tuera. » Dumas, lui, ne voulut pas « le quitter des yeux ». Dans l'aristocratie mitterrandienne, longtemps après l'accession au pouvoir, la fidélité de ces instants-là a conféré plus de mérite qu'une blessure au champ d'honneur.

Avec François Mitterrand, de six ans son aîné, Roland Dumas pouvait beaucoup se permettre. Jusqu'en 1981, les deux hommes jouèrent ensemble au tennis, rue Saint-Jacques, chaque mercredi matin. Dumas soignait son élégance mais prenait un malin plaisir à se faire attendre, pour arriver en voiture décapotable, généralement accompagné d'une jolie femme. Bedonnant dans son survêtement, Mitterrand trépignait : « Toujours en retard, Dumas... » En politique, toutefois, l'impatience était dans son camp. En 1968, il fut, pendant deux mois, le plus jeune vice-président de l'Assemblée nationale. Après la victoire de mai 1981, il peste de ne pas être tout de suite ministre. En 1988, aux premières heures du second septennat, il ne cachera à personne sa joie de retrouver bientôt « les ors de la République ». Car il goûte l'apparence du pouvoir au moins autant que le pouvoir lui-même, comme si elle augmentait le plaisir d'une ascension sociale réussie. Homme de lumière, il est toutefois resté un familier de l'ombre. Ami des arts, il demeure un praticien du secret. Il aime fréquenter plusieurs mondes entre lesquels il multiplie les aller-retour, au risque de choquer.

Succéder au Président ? Il y a pensé, et sans doute plus d'une fois. Au cours de l'été 1986, lorsque la petite-fille de François Mitterrand avait été victime d'un grave accident sur une route d'Espagne et que le Chef de l'État, tendu par les premiers mois de cohabitation avec la droite, avait eu un coup de déprime. En 1988, ensuite, lorsque le Président laissait croire, à coups de demi-confidences, qu'il ne se représenterait pas, et que l'« ami Roland » avait sa préférence. Vraie ou fausse, la rumeur le comblait, puisqu'elle lui donnait une raison supplémentaire de mépriser les autres, les Fabius, les Jospin, les Lang, les Bérégovoy aux ambitions si voyantes. Lui se flattait d'avoir bâti une réussite professionnelle hors des assemblées et des partis, d'être à la tête du « plus grand cabinet d'avocats de Paris » par le chiffre d'affaires, de s'être dévoué au Président sans jamais avoir été dévot... Le seul geste de courtisan qu'on lui connaisse est d'avoir emménagé rue de Bièvre, à la fin des années soixante-dix, pour devenir son voisin. Mais, au pèlerinage de Solutré, il marchait toujours loin derrière, comme pour garder ses distances avec la cour.

François Mitterrand n'en a pas fait un héritier, mais un ministre d'État et, peut-être plus important encore, le témoin privilégié des dernières années de son règne, jalonnées de décès tragiques, de révélations nauséabondes, de scandales retentissants. La mort de Roger-Patrice Pelat, l'ami du stalag, le plus vieux compagnon, surnommé « le vice-président » avant l'affaire Pechiney, avait fait de lui le promeneur préféré du Président. Plus efficace que toutes les manœuvres, le temps l'avait débarrassé de tous ses rivaux. Dans la Mitterrandie, plus personne n'était à son niveau. En 1995, la présidence du Conseil constitutionnel lui fut attribuée contre bien des avis. Pour François Mitterrand, épuisé par l'âge, rongé par le cancer, les occasions de marquer son pouvoir finissant étaient alors trop rares pour en laisser échapper une aussi belle. Ainsi l'avocat est-il devenu juge. Juge suprême, juge des lois et de l'élection, des grands principes et des libertés. Une place inexpugnable et stratégique.

Deux ans plus tard, le juge est devenu suspect. Il a toujours sa mèche d'argent et son allure de chef d'orchestre, mais c'est un vieil homme fatigué que la maladie fait souffrir à son tour et, plus encore, la menace de tout perdre. Tout ? Les honneurs, la richesse, la réputation. Les conquêtes d'une vie, les profits d'une carrière. Un édifice de respectabilité bourgeoise qu'il avait fini par croire inébranlable, mais qui vacille déjà. En 1996, rédigeant un premier tome de ses mémoires[1] qui n'en étaient pas vraiment, il n'avait pas retenu cet accès de provocante franchise : « Tout au long de cet

1. Roland Dumas, *Le Fil et la Pelote, op. cit.*

itinéraire inattendu que je me garderais bien d'ériger en modèle, je n'ai, je crois, jamais oublié d'où je venais. »

Restent les derniers chapitres, ceux qui ne sont pas encore écrits. Soudain, le voici pris au piège de sa vie, de ses vies, et l'aventure bascule dans l'intrigue. Défilent alors une galerie de personnages, une succession d'événements que n'aurait pas reniés son lointain homonyme, l'auteur des *Trois Mousquetaires*, tant le mystère s'y mêle aux jeux de pouvoir, les secrets intimes aux affaires d'État : un somptueux appartement, une énigmatique tapisserie des Flandres, des vaisseaux de guerre, des archives cachées, un trésor disparu, des liasses de billets de banque, des hommes de l'ombre, une femme fatale. Le décor est planté. Et, comme dans un roman d'Alexandre Dumas, l'action débute au petit matin, dans la cour pavée d'un hôtel particulier des beaux quartiers, le premier jeudi du mois de novembre 1997…

CHAPITRE PREMIER

La femme fatale

La petite troupe a franchi le porche peu après 6 heures. Elle était composée d'une demi-douzaine d'enquêteurs de la brigade financière de Paris qui s'étaient donné rendez-vous aux aurores, pour une classique opération matinale. Les voitures avaient été garées sur le trottoir. À cette heure-là, la rue de Lille, longue artère qui croise le boulevard Saint-Germain, est généralement déserte. Haut de trois bons mètres, le portail de l'hôtel particulier est surmonté de deux énormes vases sculptés, débordant de fleurs taillées dans la pierre blanche, comme en signe d'une abondance factice. La lourde porte s'ouvre sur une petite cour rectangulaire où stationnent quelques véhicules. À droite, une maisonnette tient lieu de loge pour la concierge. Le bâtiment principal comporte trois étages et une mansarde. Au fond de la cour, de chaque côté, quelques marches d'escalier conduisent aux deux entrées de l'immeuble, éclairées par des lanternes. Seule la porte de droite est dotée d'un digicode. Ce 6 novembre 1997, c'est celle qu'empruntent les policiers.

L'appartement de Christine Deviers-Joncour est situé au premier étage. C'est un magnifique huit pièces, de trois cent vingt mètres carrés, superbement décoré, agrémenté d'une véranda des années trente. Les plafonds sont hauts, les pièces immenses, les meubles choisis avec goût. C'est la demeure d'une femme vivant dans un luxe raffiné. Pour cette jeune fille de province « montée » à Paris il y a presque trente ans, c'est aussi la preuve matérielle d'une ascension sociale incontestable, d'une réussite presque arrogante. Quelques mois plus tôt, elle y a donné une fête pour son cinquantième anniversaire. Ce sera aussi, bientôt, la cause de sa perte. En quelques minutes, ce matin-là, les policiers investissent l'appartement. La maîtresse des lieux est arrêtée, conduite dans les locaux de la Police judiciaire, placée en garde à vue. Avant de partir, on lui a juste laissé le temps d'enregistrer un message sur le répondeur d'un ami pour lui demander de prendre soin des enfants…

« Je ne vois pas qui peut m'en vouloir à ce point. » Pour Christine Deviers-Joncour, la garde à vue débute par une désagréable surprise. Les policiers lui montrent les deux premières pièces de leur dossier : deux lettres anonymes, adressées, dans les premiers jours de 1997, au cabinet du juge d'instruction Eva Joly. La première est très brève : elle mentionne l'adresse de l'appartement de la rue de Lille « où vit Mme Deviers », indique qu'une « société étrangère » en est propriétaire, promet la découverte du « trou suisse d'Elf » qui « appartient à la mafia des voleurs »... La seconde est plus longue, rédigée d'une plume agitée sur la couverture du numéro de *L'Express* du 12 décembre 1996, où figurait le visage de Loïk Le Floch-Prigent. « Demandez-lui donc des comptes sur Mme Christine Deviers-Joncour », conseillait au juge le scripteur inconnu. Au mois de juillet précédent, la magistrate avait accédé à la notoriété en ordonnant l'incarcération de l'ancien P-DG, que Jacques Chirac avait nommé, quelques mois plus tôt, à la tête de la SNCF. Depuis, la révélation des gigantesques détournements commis au préjudice du groupe Elf avait tourné au feuilleton, puis au scandale. Une enquête impossible autour du monde, un défi surhumain aux lois de l'argent et du silence. Devant l'ampleur de la tâche, Eva Joly avait obtenu le renfort d'un autre juge d'instruction, Laurence Vichnievsky. La photographie des deux femmes avait été publiée dans tous les journaux. Le moindre de leurs déplacements était signalé à la télévision. Depuis, comme les plus en vue de leurs collègues, les deux juges de l'« affaire Elf » avaient vu arriver à leur cabinet des flots de lettres de délation : rarement précises, souvent impossibles à vérifier, jamais signées.

Ces deux lettres-là ont longtemps dormi dans un tiroir. Ce n'est que le 26 mai 1997 qu'Eva Joly s'est décidée à les transmettre à la police, « pour vérifications ». Pourquoi ces deux-là plutôt que d'autres ? Pourquoi seulement à ce moment-là ? Elle seule le sait. Habitués à suivre ses intuitions, les enquêteurs de la brigade financière se sont en tout cas mis en chasse. Leurs premières recherches ont été aisées, presque routinières. Au service du cadastre, l'appartement de la rue de Lille est enregistré au nom d'une société civile immobilière (SCI) au capital de 10 000 francs, enrôlée le 21 mai 1992. C'est cette société qui a acquis l'appartement, le 12 juin suivant, au prix de 17 millions de francs. Christine Deviers-Joncour y apparaît – sous son prénom légal, Anne-Marie – comme la détentrice de 30 % des parts. Le reste est inscrit au nom d'un ressortissant suisse, domicilié à Lugano, un certain Carlo Pagani, « dirigeant de sociétés ». De quoi éveiller les soupçons d'un inspecteur même moyennement expérimenté : la ville de Lugano est connue pour être l'une des places financières les plus opaques d'Europe. Les cabinets fiduciaires y ont pignon sur rue et se comptent par centaines. Muni d'une bonne recommandation, on peut y trouver, en moins d'une heure, un respectable gestionnaire de portefeuille qui accepte, contre une commission raisonnable, de jouer les prête-noms. M. Pagani serait-il l'un de ces professionnels de la finance discrète ?

L'examen des dossiers fiscaux apporte aussi sa part de doute. Mme Deviers-Joncour réside bien dans l'appartement de la rue de Lille, acquitte les différentes taxes, les factures de téléphone, de gaz et d'électricité, mais elle ne paie aucun loyer. Ancienne salariée du groupe Elf-Aquitaine, de 1989 à 1993, elle ne déclare pas plus de 180 000 francs de revenus annuels. Elle a fait l'objet, au cours des dernières années, de deux vérifications fiscales qui se sont soldées par de faibles redressements. Mais, curieusement, aucun de ces contrôles ne semble s'être appesanti sur le décalage entre son train de vie et ses ressources officielles... Les archives du fisc attestent par ailleurs que Christine Deviers-Joncour a été, un an plus tard, salariée par le cabinet d'avocats de Roland Dumas en qualité d'« attachée de relations publiques de M. Dumas », pour un salaire de 10 000 francs nets par mois.

Le nom du président du Conseil constitutionnel est officiellement prononcé, pour la première fois, devant le juge d'instruction, le 10 octobre 1997, par une vieille dame aux cheveux blancs. Jeanne-Marie Cardaire a soixante-quatorze ans. Avant de prendre sa retraite, elle portait, au sein du groupe Elf, un titre de « directeur administratif » qui ne suffisait pas à traduire son importance réelle. Secrétaire particulière de Pierre Guillaumat, l'ancien ministre du général de Gaulle qui fonda la compagnie pétrolière nationale en 1965, elle y a consacré toute sa vie, se dévouant aux côtés de tous les présidents successifs. Ainsi devenue la mémoire vivante de l'entreprise, elle s'était vu confier par Loïk Le Floch-Prigent, comme en récompense de ses bons et loyaux services, la tutelle sur l'ensemble des recrutements. Le 15 novembre 1996, elle avait fait la connaissance d'Eva Joly dans des circonstances pénibles : elle avait été mise en examen, pour « complicité d'abus de biens sociaux », pour avoir favorisé le versement de quelque 27 millions de francs d'« avances sur trésorerie » à un marchand de biens parisien, fils d'un ancien résistant et grand baroudeur, qui avait surtout été un ami de Pierre Guillaumat. Dans le bureau du juge, elle avait expliqué, en pleurant, que l'histoire d'Elf était pleine de semblables mystères. Les secrets de famille de la plus grande entreprise française, à la confluence de l'industrie, de l'espionnage et de la politique. L'envers du décor de la haute industrie. « Pouvez-vous me citer des noms ? » avait demandé Mme Joly. « Je suis fatiguée, je vais réfléchir », avait-elle répondu. Elles ne s'étaient plus parlé depuis.

Le nom de Christine Deviers-Joncour ne lui est pas inconnu. La vieille dame se souvient d'avoir signé son premier contrat de travail, un mois après la nomination de Loïk Le Floch-Prigent à la tête de la compagnie. Elle avait été spécialement convoquée pour cela par Alfred Sirven, colosse à l'accent rocailleux et aux manières expéditives, qui passait pour l'éminence grise de Loïk Le Floch-Prigent, et que ce dernier avait appelé auprès de lui dès son arrivée à la Tour Elf, avec rang de directeur. « Alfred Sirven m'a dit que Roland Dumas, le ministre des Affaires étrangères, souhaitait qu'Elf embauche Mme Deviers-Joncour [...], explique-t-elle au juge. Je n'ai pas vérifié quelles étaient ses compétences professionnelles, car il s'agissait pour moi d'exécuter un ordre. » Elle précise n'avoir « jamais eu connaissance des services qu'elle [Christine Deviers-Joncour] rendait à Elf », mais ajoute : « Je n'avais pas à m'en inquiéter dans la mesure où il s'agissait d'un désir ministériel. Je sais que, lorsque le ministre des Affaires étrangères organisait des voyages, elle participait souvent à ces voyages[1]. »

Le virus du soupçon peut, dès lors, proliférer. Seul Alfred Sirven pourrait apporter un démenti, mais il n'est plus là pour le faire : depuis des mois, inquiet des avancées de l'affaire Elf, cet homme énigmatique, qui semble avoir longtemps trompé son monde sous des dehors de grand-père patelin, quoiqu'un peu rugueux, et de Méridional roublard, a fui la France pour la Suisse avant de disparaître totalement. Le 14 octobre, les juges informent les services du procureur des résultats de leurs premières vérifications. Invoquant le seul témoignage de Mlle Cardaire, elles tiennent pour « établie » l'existence d'un « lien entre M. Sirven et M. Dumas » et demandent l'autorisation de poursuivre leurs recherches. Au parquet de Paris, la démarche n'abuse guère. Personne ne doute

1. Interrogatoire de Jeanne-Marie Cardaire, 10 octobre 1997.

qu'elles en sachent davantage. Mais il y a des choses qui ne s'écrivent pas. Des confidences « hors procès-verbal », comme dit le jargon judiciaire : celles que l'on recueille d'un suspect ou d'un témoin, mais que l'on garde pour soi, loin de la curiosité des substituts, à l'abri du regard des avocats. Après trois longues semaines de réflexion, le 4 novembre, le parquet ouvre finalement une information judiciaire contre X pour « abus de biens sociaux, recel et complicité », qui vise implicitement Christine Deviers-Joncour – mais aussi, derrière elle, le président du Conseil constitutionnel. L'affaire Elf continue. L'affaire Dumas peut commencer.

Christine est née à Lacassagne, petit bourg du Périgord noir. Ses origines sont modestes. Enfant, elle se prénomme Anne-Marie – prénom qu'elle abandonnera, ainsi que tant d'autres choses, comme on change de vie. Son père, Marcel Deviers, est instituteur dans un village de Dordogne, Borrèze. C'est aussi une figure locale, soixante-huitard avant l'heure, militant de gauche et libre-penseur, dont le franc-parler est connu et les sympathies communistes affichées. La mère, Paulette, fut employée des Postes, avant d'enseigner la couture et les arts ménagers aux élèves d'un petit centre de formation local. Les Deviers ne roulent pas sur l'or, mais ils sont réputés pour leur générosité : M. Deviers a emmené une classe en voyage à Paris avec la recette de la vente du muguet, un 1er mai. Passionné d'arts graphiques, peintre et sculpteur à ses heures, il devient professeur de dessin au lycée La Boétie, à Sarlat. Au début des années soixante, la famille s'installe alors rue de Bari, à l'ombre des remparts, dans une coquette maison de pierre qui, en 1988, accueillera la permanence de Roland Dumas pour la campagne des élections législatives. Paulette Deviers en sera l'animatrice la plus fervente. Christine, elle, s'y montrera souvent, souriante, en compagnie du candidat.

Le sort semble l'avoir poussée avec insistance sur les chemins sinueux de la politique. À dix-huit ans, la jeune Sarladaise est tombée sous le charme d'un pensionnaire du collège de jésuites de Saint-Joseph, à peine plus vieux qu'elle. Lorsqu'elle se trouve enceinte, on parle vite mariage. L'union est célébrée en 1965. L'enfant, un garçon, naîtra l'année suivante. Le jeune père se nomme Jean-Jacques de Peretti, et lui aussi fera carrière. Malice du destin : c'est lui qui affrontera Roland Dumas, lors de l'élection de 1988 pour la députation, sous les couleurs du RPR. Il sera battu mais remportera, l'année suivante, la mairie de Sarlat, et prendra sa revanche contre le baron mitterrandiste aux législatives de 1993. Puis il deviendra ministre de l'Outre-Mer, en 1995, dans le gouvernement d'Alain Juppé, après l'élection de Jacques Chirac à la Présidence de la République.

Pour l'heure, le jeune couple gagne la capitale. Christine a quitté le lycée en première. Elle prépare le bac par télé-enseignement et obtient son diplôme – option philosophie – en 1966. Elle s'inscrit ensuite à l'Institut britannique pour suivre des cours d'anglais, et lui en faculté de droit. Ils vivent dans un petit studio. Le père Peretti leur envoie 350 francs par mois. Pour améliorer l'ordinaire, le futur ministre a trouvé un emploi de *booker* dans une agence de mannequins. Christine y fait ses premiers pas dans des défilés de lingerie et de prêt-à-porter, au Salon de l'habillement. Elle est jolie, plutôt grande, mince, et ne déteste pas montrer ses longues jambes. « Il gagnait de l'argent en me montrant », dira-t-elle plus tard [1]. Ils s'éloignent vite l'un de l'autre, se séparent en 1970, divorcent deux ans plus tard. Cette idylle de jeunesse trop vite brisée laisse derrière elle un enfant fragile, que sa mère cherchera toujours à préserver des difficultés d'une existence sans moyens.

Avec son deuxième mari, Claude Joncour, Christine change de milieu – et de train de vie. Il exerce les fonctions de directeur commercial dans une filiale de Thomson, la Compagnie générale de radiologie (CGR), roule en DS noire, habite, dans le XVe arrondissement de Paris, un appartement spacieux doté d'une superbe terrasse. La nouvelle Mme Joncour s'y installe, en 1976, dans une vie bourgeoise. Elle donne naissance à un second enfant, invite ses amies à partager ses après-midi de bronzage. L'ombre de la politique, pourtant, la

1. Entretien avec l'auteur, 31 octobre 1997.

suit toujours. Militant socialiste, son mari est l'ami personnel d'un des chefs de file du PS dans la capitale, qui est aussi l'un des hommes les plus proches de François Mitterrand : Georges Dayan. Peu connu du grand public, c'est un ancien avocat, fidèle au fondateur du PS depuis qu'ils ont fait ensemble leurs études de droit, puis leur service militaire. Sous la IVe République, lorsque François Mitterrand volait de ministère en ministère, il était son inamovible chef de cabinet. À ses côtés, Dayan fut aussi de toutes les aventures politiques, de l'UDSR à la FGDS, avant de devenir, dès 1971, le secrétaire du comité directeur du parti socialiste fraîchement créé, puis, plus tard, l'« *assistant spécial* » du Premier secrétaire. Entre-temps, en 1956, alors qu'il était ministre de la Justice, son ami et protecteur l'avait fait nommer au Conseil d'État, dont il s'était éloigné à partir de 1977 pour exercer son mandat de sénateur de Paris.

La rencontre avec Georges Dayan et l'amitié sincère qu'il porte à Claude Joncour font pénétrer Christine dans le cercle très réduit des familiers du futur président. Mort en 1979, le vieux sénateur ne verra pas la victoire de François Mitterrand, en 1981, mais les Joncour, eux, conserveront des liens étroits avec le clan. C'est par l'entremise des Dayan qu'ils font la connaissance d'un autre grognard mitterrandiste : Roland Dumas. Christine a aussi sympathisé avec la fille de Georges Dayan, Paule. Ensemble, les deux jeunes femmes fondent, à la fin de l'année 1979, une galerie d'art, la galerie

Saint-Guillaume. Avocate, Paule Dayan a souscrit 20 % du capital pour faire plaisir à son amie. Cédant aux désirs de sa femme lassée d'une existence de mère au foyer, Claude Joncour en est le principal actionnaire. De modestes vernissages y sont organisés. Christine y expose fièrement des toiles de son père. La galerie ne fait guère recette. Gérante en titre, Christine réclame un salaire. Lorsque les deux amies se fâchent, l'établissement est aussitôt rebaptisé « galerie Christine Joncour », mais doit vite fermer ses portes. D'autres vont s'ouvrir...

Licencié de la CGR après la nationalisation de Thomson, en 1982, Claude Joncour a fait jouer ses réseaux socialistes. Il s'est recasé dans un autre grand groupe nationalisé, Rhône-Poulenc, dont la présidence a été confiée à Loïk Le Floch-Prigent. Le P-DG de Thomson, Alain Gomez, s'est fait chapitrer, lui, par un conseiller de l'Élysée, pour avoir donné son aval à ce limogeage, jugé malencontreux en haut lieu[1]. Chez Rhône-Poulenc, Claude Joncour a sympathisé avec le directeur des ressources humaines, Alfred Sirven, que les cadres du groupe appellent simplement « Fred ». Christine, elle, le surnomme l'« homme au cigare ». Quelques années plus tard, lorsque son couple se déchire à son tour, c'est lui qui lui offre un emploi chez Elf-Aquitaine où il semble tout-puissant, paré du titre ambigu de « directeur chargé des affaires générales ».

1. Entretien avec l'auteur, 26 novembre 1997.

Commence alors, pour Christine Joncour, une nouvelle vie. À l'été 1990, elle emménage seule dans un duplex de 130 mètres carrés, rue Robert-Estienne, au cinquième étage de l'immeuble où réside Alfred Sirven, dans le quartier des Champs-Élysées. Elle s'attable aux meilleurs restaurants, fonde une agence de communication, s'offre des toilettes, part souvent en voyage, mène grand train. Elle divorce une deuxième fois en 1991. Au mois de juin 1992, elle s'installe, telle une reine en son palais, dans l'hôtel particulier de la rue de Lille. L'immeuble a une histoire. Bâti au XVIIIe siècle sur l'emplacement d'une ancienne chapelle, il a appartenu à la veuve du duc de Brancas, un aristocrate féru de sciences et amoureux de théâtre, qui était aussi le protecteur officiel de la cantatrice Sophie Arnould. À la mort du duc, la chanteuse avait renvoyé dans un berceau les deux enfants qu'il lui avait donnés, ainsi que les bijoux qu'il lui avait offerts. L'appartement, lui, semble frappé d'un sort. En 1991, il devient la propriété du fameux avocat américain Robert Shapiro, qui le remet en vente au bout de quelques mois. Il est vendu à un autre Américain, le peintre James Brown. Mais l'épouse de ce dernier refuse d'y habiter. C'est alors qu'arrive Christine Deviers-Joncour. Ses amies s'interrogent : a-t-elle gagné le gros lot, séduit un milliardaire ? Elle leur répond qu'une de ses relations, un homme d'affaires italien rencontré dans un dîner, l'a chargée d'entretenir l'appartement et de le revendre avec bénéfice.

Et qu'en attendant, elle peut en profiter à sa guise, comme on jouit d'une faveur qui ne durera pas. Dans l'insouciance.

Aux policiers qui la pressent de questions, la locataire de la rue de Lille répond sans s'énerver. L'appartement ? Il appartient bien à un « financier suisse », Carlo Pagani, qui voulait « investir dans Paris » et lui a confié ses intérêts. Son emploi chez Elf ? C'était un « travail relationnel », qui ne nécessitait ni bureau, ni secrétaire, ni téléphone, et lui rapportait à peine 11 500 francs nets par mois. « Mon rôle consistait à m'occuper des relations entre Elf et le ministère des Affaires étrangères, explique-t-elle. C'était ma seule activité, qui me prenait énormément de temps [1]. » Roland Dumas ? « Une relation de famille, je le connais depuis une quinzaine d'années, dit-elle sobrement. Nous nous sommes connus à Paris par des amis communs. Je le vois de temps en temps. » Une version minimaliste qu'elle a eu le temps de préparer avant l'intrusion matinale de la police. Deux semaines plus tôt, prévenue des soupçons qui affleuraient, Christine Deviers-Joncour s'était en effet rendue chez un avocat parisien, François Gibault, pour lui demander conseil. C'est Roland Dumas qui l'avait recommandée auprès de lui.

1. Première audition de Christine Deviers-Joncour, 6 novembre 1997.

Me Gibault est un sexagénaire alerte à l'allure martiale, crâne rasé et dos cambré, droit jusqu'à la raideur, qui a la réputation d'un juriste austère et rigoureux. Dumas et lui se sont connus sur les bancs du procès de l'affaire de Broglie – du nom de Jean de Broglie, prince et ancien ministre, assassiné en 1976. Gibault était l'un des avocats de la partie civile. Dumas défendait l'un des accusés. En apparence, tout les oppose : l'un a plaidé pour l'OAS, l'autre pour les *« porteurs de valises »* du FLN ; François Gibault est le biographe de Céline, Roland Dumas fut l'ami de Picasso ; le premier est une sorte d'anarchiste de droite, le second une figure du PS. Les deux confrères, pourtant, s'apprécient. Ils aiment la musique, l'opéra, la peinture, et partagent le goût d'une forme raffinée de provocation. Comme Dumas, Gibault est aussi un fin connaisseur de l'Afrique et du Moyen-Orient. Colonel de réserve, il laisse volontiers planer d'anciens doutes sur son passage dans les services de renseignement. À coup sûr, cet homme-là sait garder un secret. Mais lui a-t-on tout dit ?

Le 7 novembre 1997, en début de soirée, Christine Deviers-Joncour est conduite au palais de justice, jusqu'au bureau d'Eva Joly, pour y être mise en examen. Elle est exténuée, après deux jours d'interrogatoires répétés et une nuit en cellule. François Gibault s'entretient brièvement avec elle, consulte le dossier d'instruction. Il n'y trouve aucune raison particulière de s'alarmer.

À 19 h 40, lorsque les deux juges lui annoncent qu'outre la mise en examen, elles envisagent de placer sa cliente en détention, l'avocat est stupéfait. La loi prescrit, dans ces circonstances, un débat contradictoire, qui s'engage immédiatement. Dans une atmosphère tendue, la représentante du parquet, le substitut Anne-Marie Beauguion, s'exprime la première : « J'ai pour instructions de requérir un contrôle judiciaire strict », déclare-t-elle en remettant aux juges les ordres écrits de sa hiérarchie[1]. Une litote qui signifie clairement que le parquet souhaite éviter l'incarcération de Christine Deviers-Joncour. À cet instant, la magistrate du parquet est demandée au téléphone par sa supérieure hiérarchique. Elle doit s'absenter quelques minutes. Chacun en déduit qu'elle est priée de rendre compte d'urgence : à l'évidence, l'affaire est suivie en haut lieu. Me Gibault, lui, plaide aussitôt que sa cliente est une « lampiste », qu'elle n'a « qu'un tout petit rôle dans cette affaire sensible[2] », mais ses efforts sont vains. Quelques minutes plus tard, les deux juges ordonnent l'incarcération de Christine Deviers-Joncour. Dans la soirée, elle est conduite à la maison d'arrêt de Fleury-Mérogis, dans la banlieue parisienne. Elle y restera plus de cinq mois.

1. Transcription du débat contradictoire sur la mise en détention de Christine Deviers-Joncour, 7 novembre 1997.
2. *Idem.*

L'apparence n'est pas la transparence. L'obstination des juges, la fébrilité du parquet, la gêne de l'avocat : tout cela n'avait qu'une seule et même cause. La liberté d'une femme était en jeu, mais quelque chose d'essentiel avait été tu, même si tous l'avaient à l'esprit. Une vérité à peine suggérée, qui, ce soir-là, était restée dans l'implicite, pudiquement recouverte d'un voile de bienséance. Cette vérité, quelle est-elle ?

Loin d'être une simple « connaissance » de Roland Dumas, Christine Deviers-Joncour évoluait dans l'intimité du président du Conseil constitutionnel. Depuis la campagne électorale de Sarlat, en 1988, elle s'affichait à son bras en maintes circonstances, partageait avec lui bien plus que des dîners en ville. Elle était, dans sa vie, une amie de cœur plus qu'une amie de passage. Et davantage encore : pour cet homme à facettes qui n'a jamais voulu choisir entre plusieurs existences, mais les vivre toutes à la fois, et qui, tel Cadet Rousselle, possède trois maisons, elle fut une véritable compagne, consciente de n'être pas la seule et pourtant reconnaissante de n'être pas ravalée au rang d'une vulgaire maîtresse, éphémère et clandestine. Au côté de Roland Dumas, la vie de Christine n'avait rien d'un secret d'alcôve.

Le couple avait été aperçu, souvent, dans les loges de l'Opéra-Bastille, à la tribune d'honneur du stade Roland-Garros, pendant le tournoi de tennis – des lieux où l'on ne se cache pas. Reconnaissant Roland Dumas, nombre de photographes les avaient immortalisés ensemble, échangeant des sourires complices. Mais les photos n'étaient jamais publiées. À l'inverse de la presse anglo-saxonne, gourmande de révélations sur la vie galante des célébrités de tous horizons, la presse française réserve généralement ses intrusions dans l'espace privé aux seuls acteurs de cinéma, chanteurs de variétés et princesses de sang. Aucun ministre n'a jamais été « piégé » par ces journaux-là. S'il a toujours eu la réputation d'un grand séducteur, Roland Dumas n'avait donc aucune raison de se méfier. Une seule fois, et sans doute par maladresse plus que par goût du scandaleux, un magazine allemand avait publié l'image du couple, dans les allées du festival de Bayreuth, – lui en smoking, elle en robe rouge –, avec cette légende : « Le ministre français Roland Dumas et son amie Christine. » Elle seule s'était inquiétée. Et à peine pendant quelques jours. On les avait vite revus ensemble dans des cérémonies officielles, des dîners de gala, dans une grande ambassade, et même à l'Élysée. Jamais à la table du Président, toutefois. François Mitterrand aimait, certes, la compagnie des femmes, mais sa culture bourgeoise l'inclinait au respect des apparences – et cela valait aussi pour ses amis. Il éprouvait en outre une grande affection pour la femme de son vieux compagnon, Anne-Marie, épousée en 1964, héritière de la famille Lillet, qui fonda à Bordeaux la boisson apéritive du même nom. Aussi avait-il l'habitude de prendre les devants : lorsque l'« ami

Roland» était convié à un dîner privé à l'Élysée, la Présidence envoyait une voiture chercher Mme Dumas.

Le 2 décembre 1995, immobilisé par la maladie, celui qui n'était plus alors que l'ancien président de la République n'avait pu assister à la réception de fin d'année du président du Conseil constitutionnel. Nommé quelques mois plus tôt, Roland Dumas perpétuait ce soir-là une tradition instaurée par son prédécesseur, Robert Badinter, en offrant à une centaine de privilégiés un récital de piano. À ses côtés rayonnait encore, ce soir-là, Christine Deviers-Joncour, saluant quelques invités de marque, souriant à chacun, soulignant à plaisir sa complicité avec le nouveau maître des lieux.

Écrire cela, ce n'est pas tant trahir les secrets intimes d'un homme et, ce faisant, violer la sacro-sainte frontière qui doit séparer l'espace public de la sphère privée. C'est d'abord, c'est surtout donner à connaître toutes les pièces du puzzle, sans en excepter aucune, pour rendre intelligibles les faveurs hors normes dont bénéficia cette femme, devenue l'héroïne d'un de ces vrais-faux mystères parisiens connus des seuls initiés, chuchotés dans des cercles d'influence où le débat d'idées n'a plus cours. C'est encore refuser la confusion des genres, la dissolution des repères, quand certains responsables publics choisissent de s'affranchir des règles communes, tout en se retranchant derrière le paravent commode de la vie privée. Dans cette forme d'aristocratie reconstituée au cœur de la République, avec ses concours d'ambitions, ses jeux de masques et ses frivolités, la dame de la rue de Lille jouait les « courtisanes » avec émerveillement. Installée dans son appartement mirifique, elle tenait salon, recevant des écrivains, des « nouveaux philosophes », des musiciens, voire, parfois, les collaborateurs du ministre, venus spécialement pour tenir autour de lui une réunion impromptue, hors les murs du Quai d'Orsay. Érik Orsenna, Jacques Attali, mais aussi Ève Ruggeri, l'astrologue Élisabeth Teissier et tant d'autres encore sont ainsi entrés chez elle sans jamais cacher leur étonnement devant la majesté des lieux ou la beauté de l'immense tapisserie qui ornait le salon. Le ministre, lui, ne voyait-il rien ? À chaque passage à Paris du ténor Placido Domingo, son vieil ami, Christine improvisait aussi de petits soupers lyriques autour d'un superbe piano noir. Acheté sur un caprice dès 1991, le précieux instrument avait été payé – 185 000 francs – par la société Elf-Aquitaine International (EAI), filiale suisse du groupe pétrolier français...

Chez Elf, son statut de « chargée de mission » n'abusait pas grand monde. L'essentiel de son travail consistait à accompagner le ministre des Affaires étrangères dans ses voyages autour du monde, aux frais de la compagnie pétrolière. Elle visita ainsi l'Iran, le Koweit, l'Arabie Saoudite, la Chine, le Gabon, le Nigeria, le Cameroun. Elle fut aussi d'un voyage pour New York où Roland

Dumas assistait à l'Assemblée générale des Nations unies. « Il n'y avait aucune connexion entre Elf et M. Roland Dumas, devait-elle déclarer à la police. C'est d'ailleurs ce qui avait entraîné mon embauche, pour faire le lien entre les deux[1]. » Cette fonction d'« officier de liaison » avait un prix, ou plutôt elle n'en avait pas. Recrutée le 24 juillet 1989 au salaire mensuel de 50 000 francs, Christine Deviers-Joncour vit son contrat modifié dès le 11 janvier 1990 : la mention « travail à mi-temps » y fut ajoutée, et son salaire ramené à 15 000 francs bruts par mois au titre de la filiale française Elf-Impex. Mais elle recevait en même temps sur un compte suisse, une deuxième rémunération de 40 000 francs, qui lui était versée par la filiale EAI, dont la présidence, basée à Genève, venait d'échoir à l'omniprésent Alfred Sirven.

Entre le mois de juillet 1990 et le mois de juin 1992, la même structure helvétique acquitta aussi le loyer – supérieur à 20 000 francs – de son appartement, le duplex de la rue Robert-Estienne qu'elle occupait avant d'emménager rue de Lille. Il y avait plus : pour subvenir à ses frais, la société avait mis à sa disposition, à partir du 9 juillet 1990, une carte de crédit American Express grâce à laquelle elle pouvait dépenser sans compter. Elle ne s'en priva pas, au point que la hiérarchie de la filiale, puis celle du groupe, fut alertée par ses excès. Les

1. Deuxième audition de Christine Deviers-Joncour, 6 novembre 1997.

relevés bancaires en témoignent : certains mois, le total de ses achats avoisinait les 200 000 francs ! Alfred Sirven l'avait alors exhortée à plus de modération – sans doute moins par souci d'économie que par mesure de discrétion. La liste des dépenses effectuées durant cette période par Christine Deviers-Joncour évoque un de ces catalogues publicitaires pour touristes fortunés où les grands couturiers – Thierry Mugler, Yves Saint Laurent, Nina Ricci, Christian Dior – voisinent avec les boutiques de luxe – Guerlain, Hermès... « M. Sirven m'avait demandé d'être élégante[1] », expliquera-t-elle avec simplicité.

De cette fortune soudaine, le ministre des Affaires étrangères ne pouvait qu'avoir constaté les effets. Ne s'était-il pas demandé, comme certains de ses amis, d'où pouvait provenir semblable train de vie ? Dans le même temps, la conseillère très particulière avait fondé, avec quelques amis, une société de communication, qu'elle avait baptisée Kairos. Inaugurée en 1989, la petite agence, qui siégea un temps sur les Champs-Élysées, n'eut d'autre client que le ministère des Affaires étrangères[2]. Les budgets ne lui étaient guère mesurés, puisque ses prestations étaient réglées... par Elf.

1. Interrogatoire de Christine Deviers-Joncour, 12 décembre 1997.

2. À une notable exception près : le conseil général des Hauts-de-Seine, présidé par Charles Pasqua, qui lui commanda, au début de 1993, une luxueuse plaquette destinée à promouvoir ses actions.

Le groupe pétrolier lui versa 593 000 francs en juin 1990 pour l'édition d'une brochure de prestige à la gloire du Quai d'Orsay, dont la préface était signée par le ministre. En 1990 et 1991, il lui accorda aussi deux fois 350 000 francs pour la confection de *La Lettre du Quai*, bulletin consacré à la politique étrangère. Dès sa création, enfin, Kairos avait hérité d'une subvention d'un million de francs, destinée à l'organisation d'une exposition sur « La diplomatie pendant la Révolution », que Roland Dumas souhaitait voir présentée à Moscou. À en croire l'un des anciens associés de l'agence, Christine Deviers-Joncour était arrivée un beau jour avec le chèque d'un million, émis par Elf-Aquitaine International, sans qu'aucune demande eût été formulée auparavant… « J'ai cru comprendre, a expliqué cet homme, banquier de profession, que le président d'Elf voulait avoir de bonnes relations avec le ministère des Affaires étrangères[1]. » Quelques jours plus tard, la fondatrice de Kairos avait envoyé aux dirigeants de la filiale genevoise un petit mot de remerciement, griffonné sur un bristol à l'en-tête du ministère des Affaires étrangères. Une imprudence en forme d'acte manqué.

En apparence, ce n'était qu'un article de journal. En réalité, c'était une vengeance. Au mois

1. Audition du 18 décembre 1997. L'auteur a volontairement choisi de ne pas publier le nom de cette personne, qui n'a été interrogée qu'à titre de témoin.

de juillet 1996, le magazine féminin *Marie Claire* publia la confession anonyme d'une femme délaissée, trahie par l'homme qu'elle avait aimé : un homme politique. Intitulé « Maîtresse de ministre », le récit retraçait l'histoire – authentique pour l'essentiel – d'une jeune femme tombée amoureuse d'un politicien débutant, marié et père de famille, et qui devint, en quelques années, député, maire, et entra au gouvernement après l'élection de Jacques Chirac. L'ambitieux, bien sûr, n'était pas nommé : le journal l'avait baptisé X. L'amante éconduite, elle, qui racontait son aventure à la première personne du singulier, s'était baptisée *Mathilde*. Mais le monde des familiers du pouvoir eut tôt fait de les identifier l'un et l'autre. Volontairement, la narratrice avait multiplié les détails significatifs comme autant de cailloux pour tracer une piste. Dans les cabinets ministériels, les couloirs de l'Assemblée nationale, et jusqu'à Matignon, l'exemplaire du journal circula, s'échangea, suscita maints commentaires, tantôt ironiques, tantôt affligés, sur les thèmes croisés de la témérité des hommes et de l'ingratitude des femmes.

L'article était fait pour faire mal : il y parvint. Le ministre fut atteint, au moins dans son orgueil, déconfit de voir ainsi exposés ses travers les plus intimes, ses hypocrisies, ses instants de déprime, ses confidences parfois. Mais il ne fut pas le seul à s'inquiéter d'une semblable transgression. *Mathilde* n'en avait-elle pas trop dit sur le milieu dans lequel sa romance l'avait introduite, elle qui s'était tant grisée de se trouver « au cœur des secrets de notre République » ? Son dépit allait-il se satisfaire de ces demi-confidences ? Car le récit qu'elle livrait laissait entrevoir la face méconnue d'un monde où le pouvoir voisine sans pudeur avec l'argent, le sexe et le mensonge. Un monde dont la presse, d'ordinaire, ne parle pas.

« Au début, racontait-elle, j'ai eu peur d'être reléguée au rôle de maîtresse que l'on cache, mais il m'a affichée sans crainte ni gêne [...]. J'adorais cette vie pas ordinaire, jamais plan-plan, sur un rythme fou, avec des rencontres. Mon compagnon était très proche d'hommes politiques célèbres qui faisaient l'événement à 20 heures au Journal télévisé. Avec trois d'entre eux et leurs maîtresses régulières, nous avons vite formé une bande de bons copains... Nous étions quatre couples illégitimes, et apparemment aucun de ces politiques mariés, connus, respectés, ne semblait redouter rumeur ou scandale. Nous sortions très souvent ensemble, pour des dîners dans des restaurants somptueux, des soirées chez Castel ou chez Régine, des vacances à Alicante ou à Venise. Tout était facile, sans honte ni culpabilité. Mon seul souci, au début, c'était de penser que nous ne pourrions jamais suivre ce train de vie... » Mais, en quelques années, tout devait changer. X. avait conquis des mandats, pris de l'importance. « Il ne fréquentait plus que des hommes d'affaires, des banquiers de haute volée, poursuivait alors

Mathilde. Il était à l'aise dans ce monde artificiel, un monde parallèle, où l'argent et les valeurs n'avaient plus de sens. Il cumulait les indemnités de maire et de député, jonglait avec d'importantes sommes pour remboursement de frais, d'autres provenant des caisses noires de Matignon ou de l'Élysée, et de toutes sortes de cartes de crédit émanant de diverses entreprises publiques. Il se baladait avec du liquide plein les poches, de l'argent qu'il pouvait utiliser comme il l'entendait... »

Le témoignage de *Marie Claire* resta sans suite. On rangea au chapitre des affaires privées ce règlement de comptes amoureux qui laissait pourtant en suspens quelques interrogations sur la morale publique. Et *Mathilde* se perdit dans l'anonymat. Osons pourtant cette précision : elle était et demeure une amie personnelle de Christine Deviers-Joncour, compte parmi les habitués de la rue de Lille, se dit « sans illusions » sur la politique, la justice et la presse. Le fait ne vaudrait pas d'être rapporté si la parution du numéro de *Marie Claire* n'avait justement coïncidé avec les premières alarmes de son amie.

Au même moment, en effet, l'affaire Elf prenait la dimension d'un scandale de grande ampleur : la confession fut publiée quelques jours après l'incarcération de Loïk Le Floch-Prigent. À ses proches, Christine confiait alors qu'elle se sentait « espionnée », assurait que les Renseignements généraux avaient été chargés d'une enquête sur elle, et qu'elle devait ses tourments à des « jalousies personnelles ». Elle n'avait pas tout à fait tort : les RG lui avaient bien consacré quelques pages de rapport, mais uniquement pour signaler en haut lieu la tenue de soirées mondaines et politiques dans l'hôtel particulier de la rue de Lille, le plus souvent autour du président du Conseil constitutionnel... La maîtresse des lieux imputait aussi à d'anciens amis les tracas fiscaux qu'elle avait dû affronter : elle avait été successivement l'objet d'une vérification à titre personnel et d'un contrôle sur la comptabilité de l'agence Kairos. La vérification engagée avait conclu à un redressement, les enquêteurs du fisc ayant mis en évidence une explosion inattendue des « frais de réception » de la société dont l'activité tournait pourtant au ralenti. Christine Deviers-Joncour avait alors sollicité Roland Dumas, qui était intervenu auprès du ministre du Budget, Michel Charasse. Six ans plus tard, les policiers devaient retrouver, dans l'appartement de la rue de Lille, la preuve de ce coup de pouce ministériel sous la forme d'une lettre adressée au mois de mars 1992, par Michel Charasse à son collègue des Affaires étrangères : « J'ai pris note de votre intervention », écrivait-il à Roland Dumas, concluant qu'après avis des services compétents, « l'administration [pouvait] renoncer » à une partie des redressements envisagés – qui ne totalisaient, au demeurant, que 23 000 francs...

L'Affaire Dumas

Kairos : le nom avait été bien choisi, qui signifie en grec l'occasion, l'opportunité, le lieu propice. Ou encore le fil de la trame du tisserand. Ce fil qui, partant d'une tapisserie, allait conduire les enquêteurs sur la piste d'autres découvertes…

CHAPITRE DEUXIÈME

Le compagnon de fortune

En entrant dans l'appartement de la rue de Lille, on ne voyait qu'elle. D'emblée, elle attirait les regards, suscitait l'admiration. Découvrant les lieux, les enquêteurs de la brigade financière furent saisis, comme tant de visiteurs avant eux, par la beauté d'une immense tapisserie qui couvrait presque entièrement le mur de droite de la salle à manger. L'inventaire du mobilier qu'ils établirent – avec l'aide d'un membre de l'unité de la Police judiciaire spécialisée dans les trafics d'œuvres d'art[1] – débute d'ailleurs par cette pièce de choix. Large de 5,90 mètres, haute de 4,40 mètres, la tapisserie, aux couleurs rouge et bleue très vives, représente une scène de l'Antiquité romaine : un défilé de chars sur fond de temples, entouré d'une frise de feuillages, de fleurs et d'oiseaux. Signée par le maître tapissier flamand

1. L'Office central de lutte contre le trafic des biens culturels.

Guillaume Van Leefdael, elle date du dix-septième siècle, mais est restée en parfait état de conservation. Dans un cartouche situé au centre de la bordure supérieure est inscrit, en latin, le titre de l'œuvre : *Le Triomphe de Vespasien*.

La provenance d'une telle pièce a, d'emblée, intrigué les policiers. Au cours de ses premiers interrogatoires, Christine Deviers-Joncour a affirmé que, si elle n'était que l'« occupante à titre gratuit » du somptueux appartement, le mobilier et les éléments de décoration qui s'y trouvaient, eux, étaient bien sa propriété. « Une jolie décoration, a-t-elle résumé, mais avec des choses qui n'ont pas une grande valeur. » Or, même un néophyte aurait pu en jurer : semblable œuvre d'art ne pouvait qu'être un objet de prix – effectuée dès les premières heures de l'enquête, une expertise l'estimera à 300 000 francs. La confusion des réponses de Mme Joncour n'a, depuis, fait qu'augmenter les doutes. « La tapisserie murale se trouvant dans la salle à manger […] m'a été offerte en 1993 ; je ne peux pas vous dire par qui, a-t-elle d'abord tenté d'expliquer. Je n'en connais pas l'origine et je pense qu'elle appartenait à l'ami qui me l'a donnée[1]. » Dans le même temps, elle refusait également d'expliquer comment elle était entrée en possession d'une autre pièce rare : un dessin de Picasso, tracé à l'encre sur une feuille de carnet à

1. Quatrième audition de Christine Deviers-Joncour, 7 novembre 1997.

spirale et figurant un couple allongé. Le cadeau d'un ami, disait-elle sans vouloir en préciser l'identité. Lors de son dernier interrogatoire par la police, elle mentionnait finalement un autre dessin, un nu féminin du peintre français André Masson, exposé dans l'antichambre. « Comme les objets précédents, déclarait-elle, il m'a été offert par un ami dont je ne peux pas citer le nom, pour protéger sa vie privée... » Sans doute persuadés d'avoir deviné le nom de cet ami si généreux, à aucun moment les enquêteurs n'en ont demandé davantage. Seul François Gibault, l'avocat de Christine Deviers-Joncour, sortira de cette réserve. Plaidant, le soir du 7 novembre, pour tenter d'empêcher l'incarcération de sa cliente, il n'avait pas voulu laisser planer le moindre doute, espérant qu'un effort de transparence serait porté à son crédit : « Elle détient un dessin de Picasso qu'un ami lui a donné, expliquait alors l'avocat. Elle ne voulait pas donner son nom, mais moi, je prends la liberté de vous le dire. Il s'agit de Roland Dumas qui, par ce dessin, a voulu remercier ma cliente et sa famille pour leurs campagnes politiques nombreuses. » Avec cette précision : « Roland Dumas est propriétaire d'une belle collection d'œuvres de Picasso, dont il était l'ami et le conseil [1]. »

Mauvais calcul : non seulement cet accès de franchise n'a pas suffi à éviter la prison à

1. Transcription du débat contradictoire sur la mise en détention de Christine Deviers-Joncour, 7 novembre 1997.

Christine, mais il a même renforcé les soupçons des deux juges d'instruction, Eva Joly et Laurence Vichnievsky. Si l'ancien ministre est bien l'« ami » qui lui a offert le Picasso, ont-elles dû penser, sans doute est-ce lui aussi qui lui a donné le dessin de Masson, lui encore l'acheteur de la tapisserie – et, pourquoi pas, enfin, le véritable propriétaire de l'appartement, caché derrière la SCI de la rue de Lille et son mystérieux actionnaire suisse, le fameux M. Pagani. Pour les deux juges, la piste de la tapisserie est donc prometteuse. Si la chance est avec elles, ce *Triomphe de Vespasien* sera bientôt le leur…

À la demande des magistrates, les policiers ont sans tarder entrepris des recherches. Le milieu des antiquités leur est pour ainsi dire familier depuis que les développements de l'affaire Elf les ont conduits sur la trace de certains collectionneurs méconnus. Quelques mois plus tôt, la brigade financière avait ainsi mobilisé d'importants effectifs pour interroger les antiquaires du quai Voltaire, à Paris, afin de dresser l'inventaire des objets d'art achetés par l'un des principaux dirigeants du groupe pétrolier, André Tarallo, à partir d'une série de comptes bancaires en Suisse. Figure historique d'Elf-Aquitaine, acteur essentiel de son développement en Afrique, confident et conseiller de plusieurs chefs d'État du continent noir, ce personnage solide et taciturne, aux allures de prélat, était ainsi sorti de l'ombre bien malgré lui, à soixante-dix ans, pour la première fois de sa longue carrière. Au terme de leurs vérifications, les enquêteurs avaient fini par estimer à plus de 45 millions de francs le total des pièces acquises entre 1993 et 1997 par le discret M. Tarallo. Ils avaient surtout découvert qu'une part importante de ces collections avait été entreposée dans des garde-meubles, avant d'être expédiée vers des destinations diverses et inconnues. Ce fut l'un des enseignements les plus inattendus des investigations déclenchées par l'affaire Elf : l'argent des commissions pétrolières se recycle volontiers, à Paris, Londres et Genève, sur le marché des œuvres d'art, où l'on a l'habitude des transactions confidentielles. La multitude d'opérations effectuées par l'omniprésent Alfred Sirven a permis de vérifier l'hypothèse : entre le mois de mars 1992 et le mois de février 1995, l'ancien directeur d'Elf chargé des « affaires générales » avait acheté, chez un même antiquaire parisien, pour plus de 21 millions de francs de meubles, tapis et objets d'art. Le paiement s'effectuait toujours de l'étranger, parfois sous de fausses identités. Les objets, bien sûr, n'ont jamais été retrouvés.

Cette fois, la démarche est inverse. La tapisserie a été saisie, placée sous scellés. Mais son vendeur reste inconnu. Le 14 novembre, Christine Deviers-Joncour est conduite pour la première fois de la maison d'arrêt de Fleury-Mérogis au Palais de justice de Paris. Elle est faible, déprimée, agressive. Elle ne pense qu'à une chose : sortir de prison.

Elle ment sans réfléchir, contredit grossièrement ses premières explications, consignées sur les procès-verbaux de police que les juges ont pourtant sous les yeux. Cette fois, elle prétend que la tapisserie des Flandres n'est pas un cadeau mais un « prêt », consenti par un ami qui ne disposait pas, chez lui, d'un mur assez grand pour l'accrocher. Mais elle est vite trahie par la présence, sur une étiquette, d'une inscription de sa main : « Hôtel Drouot, tapisserie ». Elle soutient alors que son ami est décédé après lui avoir prêté la tapisserie, qu'elle en a ainsi hérité, et qu'elle s'apprêtait à la vendre. Cette nouvelle version ne convainc pas plus que les autres, mais elle bloque la progression des juges. Celles-ci fondent leurs derniers espoirs sur l'expérience des spécialistes. Avant de questionner Christine Joncour, Eva Joly a requis le concours d'un antiquaire de la capitale, expert en tapisseries anciennes. Mais il était absent lorsqu'elle lui a téléphoné. Elle n'a pas précisé le motif de son appel. Ce n'est qu'en fin d'après-midi que le galeriste se manifeste. Au téléphone, il semble inquiet, presque affolé. Il veut lui parler d'urgence.

À 20 heures, il est dans le bureau d'Eva Joly. Au téléphone, la magistrate lui a recommandé, au cas où il aurait des déclarations importantes à lui faire, de prendre contact avec un avocat. Pour le mettre en confiance, elle est allée jusqu'à lui en conseiller un : un jeune pénaliste souriant et efficace, dont les juges d'instruction parisiens apprécient unanimement le charme et la vélocité.

L'avocat a accompagné l'antiquaire jusqu'au cabinet du juge. « J'ai tenu à vous expliquer de vive voix une situation difficile, commence l'antiquaire, dans laquelle je me trouve plongé par le plus grand des hasards... » Le hasard, en fait, a surtout servi les juges. Car l'antiquaire sollicité comme expert par Eva Joly a, de la tapisserie de la rue de Lille, une connaissance très particulière : « En 1992, raconte-t-il, mes résultats étaient très faibles. J'avais des découverts en banque importants et je ne pouvais pas me permettre de perdre des affaires. Cette tapisserie, je l'ai exposée à la biennale des antiquaires à Paris, au Grand-Palais, en octobre 1992. » C'est alors, poursuit-il, qu'il l'avait vendue. À qui ? « Une femme et un homme qui ont négocié âprement et ont exigé de payer à l'étranger. » Combien ? Un bon prix, tout de même : 450 000 francs.

L'identification de Christine Deviers-Joncour est aisée. Mais l'homme qui l'accompagnait, qui est-il ? Roland Dumas ? La question a forcément été posée au galeriste, mais la réponse ayant été négative, elle n'a pas été inscrite au procès-verbal. Au reste, ce n'est pas la personnalité des acheteurs qui a provoqué son effroi, mais bien les modalités de la transaction : les clients ayant voulu payer avec de l'argent déposé en Suisse, l'antiquaire avait lui-même rédigé, à l'intention des douanes, une fausse déclaration d'exportation destinée à simuler une vente en territoire étranger. Il se retrouvait donc passible de poursuites pour faux en écritures.

Lorsque Christine Deviers-Joncour est arrêtée, pourtant, le marchand d'art est à mille lieues de s'inquiéter. Il est à São Paulo, au Brésil, où il achève un voyage d'affaires. À son retour, le mercredi 13 novembre, il ignore l'incarcération de sa cliente d'un jour. Le soir, il reçoit « un très mystérieux coup de téléphone » qui va le plonger dans l'inquiétude. Un homme, dont il assure qu'il ne s'est pas présenté, l'informe que « quelqu'un qu'[il] connaît a des problèmes », lui demande s'il a « lu les journaux », puis lui propose une rencontre, le jeudi à 18 heures, au café de Flore. Avant de raccrocher, l'homme prévient le galeriste qu'il pourrait être interrogé, et le presse de mentir : « La personne mystérieuse m'avait dit qu'il valait mieux que je dise que j'avais prêté cette tapisserie, sinon on pourrait s'intéresser à mes comptes... » Le lendemain, l'appel du cabinet du juge transformera son inquiétude en angoisse. Il foncera alors au Palais de justice, ignorant le rendez-vous du Café de Flore. Ce soir-là, il apportera au juge les documents bancaires qui corroborent son témoignage, et indiquent les coordonnées des deux comptes bancaires par lesquels la tapisserie a été payée : l'un est ouvert à l'Union de banques suisses (UBS) de Lugano, l'autre à la banque Paribas à Genève.

Confrontée à cette découverte, Christine Deviers-Joncour tente un nouveau mensonge :

séduite par la beauté de la tapisserie, elle aurait convaincu l'homme d'affaires de Lugano, Carlo Pagani, décidément prodigue, de lui avancer la moitié des 450 000 francs nécessaires. Mais qui avait payé l'autre moitié ? « Je ne peux pas vous le dire car je me dois d'être discrète », déclare-t-elle une nouvelle fois, le 19 novembre. Discrétion inutile, car les pièces fournies par le marchand, elles, mentionnent un nom : Gilbert Miara.

Ce nom, les enquêteurs l'ont déjà aperçu lorsqu'ils ont étudié – à la loupe – les archives relatives à la vente de l'appartement de la rue de Lille. Les dossiers avaient été saisis à l'étude du notaire, Me Cornet. Ils montraient que le bien avait été cédé, le 12 juin 1992, par ses anciens propriétaires, le peintre James Brown et son épouse, à une société civile immobilière (SCI) de droit français. Une promesse de vente avait été signée, le 30 avril précédent, au profit de ladite SCI dont le représentant légal était Christine Deviers-Joncour. Une télécopie, datée du 3 juin, atteste que le paiement a été ordonné par une petite institution financière de Lugano, le Credito Privato Commerciale SA, sous la forme de deux virements bancaires distincts, de 16 150 000 francs puis de 1 402 000 francs pour les frais notariaux. Le seul donneur d'ordres mentionné est, à ce stade, M. Carlo Pagani, citoyen suisse. Le dossier contenait toutefois deux autres documents. D'abord, un projet d'acte de vente par lequel une société du

Costa Rica, dénommée Aston SA, se substituait à la SCI de la rue de Lille pour acquérir l'appartement. Le représentant de la société costaricaine était Gilbert Miara. À cette pièce était annexée une télécopie, datée du 6 avril 1992 et signée par Carlo Pagani, ès qualités d'administrateur et trésorier d'Aston SA, par laquelle celui-ci mandatait le même Gilbert Miara pour acheter l'appartement « aux prix, charges et conditions que le mandataire jugera convenables ».

Quel était le rôle joué par cet homme dans la transaction – ou plutôt celui qu'il avait failli y jouer, puisqu'il n'apparaissait nullement sur l'acte de vente définitif ? Aux policiers, Christine Deviers-Joncour en avait livré une version peu détaillée. Lorsqu'elle avait été chargée par M. Pagani d'acheter, pour son compte, un appartement à Paris, celui-ci lui avait donné, prétendait-elle, « une fourchette, autour de 15 millions de francs, pour acquérir quelque chose de "rare" » ; elle avait alors sollicité les conseils de Gilbert Miara, qu'elle qualifiait d'« ami de longue date » et dont elle précisait qu'il avait « travaillé dans l'immobilier[1] ». À l'en croire, son intervention s'était arrêtée là.

Pourtant, dans les jours qui précèdent l'interpellation de Christine Deviers-Joncour, Miara s'agite. Comme elle, il s'attend à la visite de la

1. Deuxième audition de Christine Deviers-Joncour, 6 novembre 1997.

police. Mais, contrairement à elle, il ne se laisse pas gagner par l'insouciance, travaille tous azimuts à la préparation de sa défense. Le 4 novembre, il déjeune avec son avocat, Marcel Soroquère. Le 5 novembre, il fait, dans la journée, un aller-retour à Genève. Le 6 novembre, alors que la police a surgi rue de Lille, il téléphone au notaire, Me Cornet, afin de savoir si son nom figure dans les dossiers de la vente de l'appartement : la réponse, hélas, est affirmative. Dès lors, il sait qu'il devra tôt ou tard répondre à quelques questions embarrassantes. Mais il pense pouvoir s'en sortir sans encombre. Après tout, c'est finalement Pagani, et lui seul, qui a acheté l'appartement...

Reste la tapisserie. Elle, elle peut permettre de remonter jusqu'à lui. Aussi est-ce auprès de Miara que l'alerte est donnée : par l'intermédiaire de son fils cadet, Philippe, qui rend visite à sa mère en prison, Christine lui demande de prendre contact avec l'antiquaire, afin d'obtenir que ce dernier confirme la version qu'elle a donnée au juge : celle d'une tapisserie prêtée par un ami qui manquait d'espace, mais non de cœur... Autre mesure d'urgence : dans la nuit du 11 au 12 novembre, Paulette Deviers, la mère de Christine, qui s'était rendue à Paris dès la nouvelle de l'incarcération de sa fille, rentre précipitamment chez elle, à Ladornac, près de Sarlat, où les voisins diront aux gendarmes avoir surpris un déménagement nocturne. Il s'agissait notamment de faire disparaître du garage de la villa une moto immatriculée au nom de… Gilbert Miara. Le 27 novembre, tous ces efforts se révéleront vains. Convoqué au siège de la brigade financière, rue du Château-des-Rentiers, Miara est à son tour placé en garde à vue et assailli de questions. Lorsque les enquêteurs se rendent avec lui jusqu'à son domicile pour y effectuer une perquisition, l'homme d'affaires commet l'erreur d'appeler son chien : les policiers constatent ainsi que l'animal répond au nom d'Aston – comme la société costaricaine apparue en marge de l'achat de l'appartement !

Né à Alger en 1938 dans une famille de commerçants, Miara est un de ces hommes d'affaires entreprenants, sourire charmeur et faconde méridionale, qui savent dissimuler leurs secrets sous un flot de paroles. C'est aussi un séducteur élégant, qui fréquente les boîtes de nuit les plus courues, à Paris et à Saint-Tropez, a ses entrées dans la jet set, joue aux cartes et fume de gros cigares. Homme à femmes, il est le compagnon de sorties des play-boys les plus réputés, de Philippe Junot, le premier mari de la princesse Caroline de Monaco, à Alix Chevassus, ex-époux de la fille du milliardaire Niarchos. Entre 1959 et 1974, il a fondé une kyrielle d'agences immobilières et de sociétés de marchands de biens, le plus souvent en association avec ses frères. Il n'y a pas fait fortune et y a même écopé de plusieurs condamnations pénales. Mais il s'est relancé dans les affaires, évoluant dans un monde où l'on se forge des amitiés viriles, parfois douteuses : il devient l'éphémère exploitant d'une salle de jeux vidéo, avant d'investir dans une société de production de cinéma baptisée Cinedeal, créée en 1981 et dont le principal actionnaire est le comédien Claude Brasseur. Il ouvre encore un restaurant, qui périclite rapidement, puis une boutique de meubles, qu'il confiera à son fils, prend des parts dans l'agence de publicité que dirige l'un de ses frères. Aucune de ses nombreuses expériences ne suffit pourtant à expliquer le faste de son train de vie depuis qu'il mène une existence oisive, de plaisirs et de fêtes. « J'ai fait quelques bonnes affaires », a-t-il coutume de répondre à qui l'interroge sur l'origine de ses moyens. Vingt ans plus tôt, Christine et lui s'étaient vaguement croisés lorsqu'il s'était lié d'amitié avec son premier époux, Jean-Jacques de Peretti : les deux jeunes gens jouaient ensemble aux échecs et au backgammon, et sortaient - déjà – en bande chez Castel. Mais le futur ministre était alors conseiller à Matignon, au cabinet de Pierre Messmer où ses habitudes de noceur et ses fréquentations incertaines étaient moyennement appréciées : il avait dû prendre ses distances.

Lorsque Miara retrouve Christine au cours de l'été 1989, elle est mariée à Claude Joncour, mais s'est déjà liée à Roland Dumas. Elle vient d'entrer chez Elf, rêve d'un nouveau départ. Elle lui présentera la famille Dayan, puis Alfred Sirven, d'autres encore. Le journaliste Gérard Faure, qui travaillait à l'époque avec Christine à la rédaction de *La Lettre du Quai*, dira de lui qu'il avait « constaté, en sortant dans la rue que de nombreuses personnes le connaissaient », mais qu'il avait « toujours eu du mal à [se] faire une idée du personnage[1] ». « La vie affective de Christine était très compliquée, mais j'y avais une certaine place », expliquera quant à lui Gilbert Miara[2]. L'enquête ne parviendra jamais à établir précisément laquelle. Ami intime, confident attentionné, mauvais génie : il fut sans doute tout cela à la fois et, plus encore, pour Christine Deviers-Joncour, un compagnon de fortune. Habile à minimiser son influence, jouant volontiers les candides, Miara ne se livrera pourtant qu'avec précaution, économisant ses confidences au point de demeurer, jusqu'au bout, le personnage le plus intrigant de l'affaire.

Y a-t-il un rapport entre Gilbert Miara et Roland Dumas ? avait-on demandé, sans ambages, à Christine. « Roland Dumas et Gilbert Miara habitent la même rue », avait-elle simplement répondu. Elle disait vrai : le marchand de biens réside alors rue de Bièvre, à quelques portes de l'hôtel particulier de l'ancien ministre, dans cette ruelle du vieux Paris rendue célèbre parce que Dante y écrivit *La Divine Comédie*, mais surtout parce qu'elle abritait la demeure personnelle de François Mitterrand.

1. Audition de Gérard Faure, 31 mars 1998.
2. Interrogatoire de Gilbert Miara, 2 décembre 1997.

D'abord une compagne, maintenant un voisin : demain, à qui le tour ? Roland Dumas commence à s'inquiéter. Pourtant, l'arrestation de Gilbert Miara n'a pas, en soi, de quoi le préoccuper. Pour tout dire, elle devrait même le rassurer. Christine était certes davantage qu'une amie – une « proche », comme disent les journaux –, mais la preuve est faite qu'elle fréquentait d'autres hommes. Et si son « complice » habite la même rue que lui, il ferait beau voir qu'on le reprochât au président du Conseil constitutionnel. La rue de Bièvre est une traverse qui va de la Seine au boulevard Saint-Germain, et qui ne doit pas dépasser 150 mètres, mais nul ne saurait soutenir que tout le monde s'y connaît ! En outre, durant la période qui semble intéresser les juges, celle du début des années quatre-vingt-dix, chacun sait bien que Roland Dumas ne s'y montrait plus guère. Promu ministre d'État après la réélection de François Mitterrand en 1988, il avait déserté son cabinet d'avocat, et sa véritable adresse personnelle se trouvait, depuis longtemps déjà, dans l'île Saint-Louis. Au pire, lui et Miara n'ont donc pu faire que se croiser. Devant les policiers, l'homme d'affaires n'a d'ailleurs pas dit autre chose : « Je ne connais pas M. Dumas. Je le croisais dans ma rue, mais je n'entretenais pas de relations avec lui. » Tout au plus a-t-il cru bon d'ajouter qu'il avait dû rencontrer le ministre rue Robert-Estienne, dans l'immeuble où résidait Christine jusqu'en 1992, puis rue de Lille, dans le fameux appartement[1]. Ces coïncidences, bien sûr, ne font pas une connivence, pas plus qu'un voisinage n'induit un copinage. Mais, en avocat d'expérience, Roland Dumas sait bien que les convictions policières – et parfois judiciaires – se fondent aussi sur d'infimes détails pour peu qu'on leur prête une signification cachée : un dîner annulé le soir du crime, un numéro de téléphone griffonné dans un calepin, un lien insoupçonné entre deux personnages... Si les juges en ont vraiment après lui – et il n'en doute pas –, que peuvent-elles s'imaginer ? À première vue, deux hommes fréquentant la même femme passeraient pour des rivaux. Or, cette fois, tout indique qu'on les croira plutôt complices.

Comme souvent, la vérité est peut-être à mi-chemin. Dire que les deux hommes sont liés serait sans nul doute excessif. Mais à tout le moins, ils ont fait connaissance. Les agendas du président du Conseil constitutionnel, saisis plus tard par la police, en porteront témoignage : à trois reprises au moins, Roland Dumas et Gilbert Miara se sont rencontrés : le 8 septembre 1992, le 28 février 1994 et le 3 mars 1994. L'un et l'autre expliqueront plus tard, chacun à leur façon, que Christine Deviers-Joncour fut au centre de leurs conversations. Le vieux séducteur voulait, paraît-il, « jauger » son jeune rival. Mais pourquoi y eut-il

1. Deuxième audition de Gilbert Miara, 27 novembre 1997.

trois rendez-vous ? Et pourquoi s'écoula-t-il un an et demi entre le premier et le dernier ? De cela, pas plus que du contenu de leurs entretiens, on ne pourra rien savoir : les deux hommes se sont toujours vus sans témoin – une fois au moins au ministère des Affaires étrangères, dans un salon particulier. Peut-être n'ont-ils échangé aucun propos compromettant. Mais, pour l'heure, alors que Christine est en prison et que Miara vient d'être pris à son tour, Roland Dumas se garde bien d'en dire trop. Lui qui a toujours affiché ses fréquentations, jusqu'aux plus discutables, le voici astreint, à soixante-quinze ans, à une discrétion dont il n'est pas coutumier.

C'est qu'elle vient de loin, cette manière si personnelle, chez lui, d'exposer en pleine lumière les amitiés les plus osées, quand la plupart des hommes politiques français s'efforcent de jouer double jeu. Pas un grand leader, pas un chef de parti qui n'ait, comme dans l'ancien temps, ses sbires, ses soudards, ses spadassins. Inutile de s'en passer : pour accomplir les basses œuvres qu'exige une haute carrière, leur réputation est souvent plus efficace que leurs actions. Simplement, il vaut mieux ne pas se montrer en photo avec eux. Le sénateur Maurice Arreckx, qui demeura longtemps l'indétrônable maire de Toulon et président du conseil général du Var, l'a appris à ses dépens, lui qui traîna durant vingt ans comme un boulet le cliché de cette tribune électorale où apparaissait à ses côtés le caïd local Jean-Louis Fargette. Dans un accès de forfanterie, le vieux sénateur s'était un jour, attribué à lui-même le titre de « parrain du département ». Après l'assassinat de Yann Piat, la députée qui s'était vouée à la lutte contre la corruption dans ce département, il avait été emporté par le scandale – quand avaient été révélées au grand jour ses amitiés crapuleuses – de son magot helvétique[1]. Maire et maître de Marseille, Gaston Defferre ne pouvait, lui, dissimuler ses liens d'estime avec les frères Guerini, gangsters célèbres et influents, mais chacun savait que ce compagnonnage était issu de la Résistance. Et que, depuis qu'il avait réussi en politique, le chef des socialistes marseillais, bourgeois et protestant, prenait soin de ne pas trop mélanger les genres, du moins publiquement. Et Pierre Bérégovoy : quels efforts n'avait-il pas déployés, au plus fort de l'affaire Pechiney, pour minimiser ses relations personnelles avec le séduisant milliardaire libanais Samir Traboulsi, qu'il avait pourtant convié à son anniversaire de mariage ?

Avec Roland Dumas, rien de tout cela. Lui ne s'est jamais caché – pas plus de ses succès féminins que de ses amitiés compromettantes. À l'inverse de Gaston Defferre, cet autre baron du mitterrandisme qui ne l'a jamais vraiment porté dans son cœur, il

1. En novembre 1997, Maurice Arreckx a été condamné pour « complicité et recel d'abus de biens sociaux » à deux ans d'emprisonnement ferme et un million de francs d'amende. Jean-Louis Fargette, *alias* « Savonnette », avait été assassiné en 1993 en Italie, où il s'était réfugié pour échapper à la justice française.

n'est ni protestant, ni d'essence bourgeoise. Contrairement au défunt Pierre Bérégovoy, sa réussite ne lui a jamais pesé. Il se moque des usages, de la rigueur et de la bienséance, qui sont pour lui les marques d'un conformisme qu'il exècre. Son registre est l'ostentation, non la discrétion. C'est un homme qui aime montrer ce qu'il a – l'argent, les femmes, les honneurs – parce que rien de tout cela ne lui était acquis d'avance, et qu'il n'est pas peu fier de ses conquêtes. Un Casanova, libre et arrogant, qui s'attache à plaire davantage qu'à convaincre, un provocateur qui aime autant séduire que choquer. C'est pourquoi il a goûté sa nomination au Conseil constitutionnel comme une gourmandise suprême : parce qu'elle constituait l'ultime récompense d'une fidélité jamais démentie à François Mitterrand, mais aussi parce qu'elle ressemblait à un bras d'honneur aux vestales de l'ordre établi, ces conservateurs de la démocratie qui vénéraient son prédécesseur, l'austère Robert Badinter, même sans en partager les engagements. Encore le vieux président avait-il su, d'un tour à sa façon, faire accepter cette promotion par les plus réticents : au cours des mois précédents, il avait laissé courir la rumeur selon laquelle il s'apprêtait à léguer le fauteuil de Badinter à son âme damnée, Michel Charasse, sénateur vociférant et néanmoins juriste émérite. Si bien que l'annonce de la nomination de Roland Dumas avait été ressentie comme un demi-mal, avec presque du soulagement… Les réticences du *Monde*, qui s'était inquiété, dans un éditorial, d'un possible « recul de l'État de droit[1] », n'avaient guère dû le surprendre. Le quotidien du soir représentant, à ses yeux, cet *establishment* bourgeois et chrétien qu'il a toujours méprisé, de telles alarmes étaient dans l'ordre des choses : elles durent décupler sa satisfaction.

Avant cela, il avait été le chef de la diplomatie française, ou du moins de sa version mitterrandienne. Dans cette fonction prestigieuse, il avait donné la mesure de son talent. Ministre chargé des Affaires européennes en 1983, il avait vite fait prévaloir son influence sur celle de son ministre de tutelle, Claude Cheysson, dont il avait pris la place, de 1984 à 1986, pour y revenir à partir de 1988. Il y montra une habileté réelle pour la négociation, tant il est vrai que cet homme ne rêve que de rencontres. Dans la vie comme en politique, Roland Dumas est sûr de son charme : c'est pourquoi il espère toujours plus d'une entrevue que d'une ambassade. Au Quai d'Orsay, noble institution qui n'a pas totalement rompu avec l'Ancien Régime, son style personnel ne faisait pas toujours l'unanimité, mais on lui reconnaissait du talent et la confiance du souverain. Du fait qu'il a les chevilles douloureuses – depuis un accident de voiture en Italie, dans les années soixante-dix –, la comparaison avec Talleyrand venait vite à l'esprit. Mitterrand, lui, le voyait plus volontiers sous les traits d'un moderne Choiseul, grand ministre des Affaires étrangères de

1. *Le Monde*, 24 février 1995.

Louis XV, qui avait su sceller l'alliance avec l'Autriche, comme le fils du fusillé de Brantôme s'employa, deux siècles plus tard, à pérenniser la réconciliation franco-allemande, grâce notamment à son amitié notoire avec Hans-Dietrich Genscher, son homologue d'outre-Rhin. Le Président était féru d'histoire : nul doute que dans son esprit, l'analogie ne se limitait pas à l'œuvre politique. Protégé de la marquise de Pompadour, le duc de Choiseul était un individualiste aux multiples facettes, ambitieux, libertin et amoral, à la fois rompu aux intrigues de la cour et dévoué au service de l'État; un aristocrate qui portait ses défauts « avec une audace, une absence de préjugés et de remords qui lui conférait une sorte d'originalité, l'érigeait en archétype de la désinvolture et de l'insouciance élégante », écrit son biographe, Guy Chaussinand-Nogaret[1]. Casanova, dont les *Mémoires* étaient l'un des livres de chevet de François Mitterrand, avait lui-même, en expert, brossé de cet esthète débauché le portrait suivant, qui pourrait être celui de son ministre : « Amateur des arts, ami des gens à talents et de goût, il jouissait du plaisir de leur être utile et de les voir lui faire la cour par reconnaissance. Il avait d'ailleurs beaucoup d'esprit, mais sommaire et en gros, méprisant tout ce qui est détail; car il était paresseux et idolâtre du plaisir[2]. »

1. Guy Chaussinand-Nogaret, *Choiseul, naissance de la gauche*, Perrin, 1998.

2. Casanova, *Mémoires*, Gallimard, La Pléiade, tome III, p. 604.

Les diplomates avaient frémi, bien sûr, lorsque le ministre d'État s'était affiché, en 1993, en compagnie de Nahed Ojjeh, veuve de l'homme d'affaires saoudien Akhram Ojjeh, qui avait bâti une fortune en commissions sur les grands contrats de ventes d'armes et de matériel militaire. La jeune femme, fort belle et immensément riche, était aussi la fille du ministre syrien de la Défense, le général Moustapha Tlass, chef des services secrets du président Hafez el-Assad, réputé pour sa cruauté, sa passion pour l'archéologie et son goût de l'écriture. Roland Dumas avait fait sa connaissance un jour d'août 1985, dans la bergerie de Latche, demeure landaise de François Mitterrand, au cours d'une rencontre secrète consacrée au sort des otages français détenus au Liban : la jeune Nahed accompagnait son père, et faisait office d'interprète. Plus tard, il l'avait aidée à obtenir un mandat de déléguée auprès de l'Unesco. À l'approche de l'élection législative de Sarlat, au printemps 1993, le candidat Dumas était allé jusqu'à annoncer, en campagne électorale, que la Fondation Tlass, dirigée par Nahed Ojjeh, prendrait à sa charge l'installation d'un scanner à l'hôpital de Sarlat. L'annonce avait fait scandale, et n'avait pas suffi à lui éviter la défaite. En femme d'affaires avisée, la jeune veuve avait, au demeurant, subordonné le déblocage des fonds à la production d'une demande officielle de l'hôpital, laquelle n'était jamais venue – et pour cause : le président du conseil d'administration de l'établissement était le maire de la ville, Jean-Jacques de Peretti, c'est-à-dire l'adversaire de Roland Dumas... Mais le battage produit par cet épisode n'allait-il pas fragiliser la position de la diplomatie française au Proche-Orient ? Au mois de février 1993, un journal israélien, bientôt suivi par le quotidien italien *La Stampa*, avait mis en cause les fréquentations personnelles du ministre. Plus discrètement, le service de contre-espionnage français, la DST, avait alors dépêché auprès de lui un émissaire de haut niveau : le général Philippe Rondot[1], grand connaisseur du régime syrien, à qui incomba la délicate mission de demander au ministre de choisir entre les intérêts de la France et ses relations privées... Lointaine réminiscence du passé : trente ans plus tôt, les Renseignements généraux, qui surveillaient sans discrétion cet opposant au régime au talent prometteur, lui avaient adressé une « *note de mise en garde* », le 8 juin 1961, en raison de ses multiples voyages en Suisse où le jeune avocat engagé rencontrait clandestinement certains dissidents algériens...

Moins accorte, mais non moins sulfureuse que la fille du général Tlass, une autre amie du

1. Considéré par les spécialistes comme l'un des maîtres-espions français, le général Rondot accédera à la notoriété au mois d'août 1994, lorsqu'il sera présenté – à juste titre – comme l'auteur de l'arrestation du terroriste Carlos, longtemps protégé, d'ailleurs, par le régime de Damas...

ministre avait ses entrées au Quai d'Orsay au temps de sa splendeur : une petite femme au visage marqué par les ans, au tempérament volcanique et à la chevelure rougeoyante, dont le passé trouble sous l'Occupation fut à l'origine, en 1976, d'une polémique historique et littéraire. Lucienne Tell, de son vrai nom Kajla Goldfarb, réfugiée polonaise née en 1924, était alors l'héroïne d'un livre d'entretiens publié par Alphonse Boudard sous le titre *La Rouquine*. Elle y relatait sa « carrière » dans le Paris de l'après-guerre, sous le signe de la prostitution, puis du proxénétisme, sans rien cacher de ses rapports familiers avec les « condés », clamant sans rougir : « Eh bien, oui, j'ai choisi la police. C'est vrai que je fus l'auxiliaire des poulets », mais ne disant rien de sa vie d'avant 1947. Le contenu de l'ouvrage avait toutefois suffi à d'anciens membres de la MOI (Main-d'œuvre immigrée), sous-section du parti communiste clandestin, pour identifier celle qu'ils soupçonnaient de les avoir livrés à la police et d'avoir ainsi été à l'origine de leur déportation. En 1945 et en 1950, plusieurs rescapés des camps de la mort – parmi lesquels le futur dirigeant de la CGT Henri Krasucki – avaient déposé plainte contre elle. Mais la loi du 5 janvier 1951 l'avait exonérée de toute poursuite en amnistiant les faits de collaboration commis par une personne mineure : au moment des faits, en 1942, Lucienne n'avait que dix-huit ans. La sortie du livre de Boudard avait ravivé les plaies. Les protestations des anciens de la MOI conduisirent l'éditeur, André Balland, à faire pilonner l'ouvrage en dépit des protestations d'innocence de l'intéressée[1].

Comment le ministre des Affaires étrangères s'était-il acoquiné avec un tel personnage ? Le fils du résistant Georges Dumas avait-il pu ignorer les accusations formulées contre cette femme ? Deux versions existent de leur première rencontre, colportées par certains de leurs amis communs. L'une évoque un premier contact, furtif, dans une station du métro parisien, dans les derniers mois de l'occupation allemande, entre un jeune homme vivant dans la clandestinité et une jeune fille fuyant une patrouille : il l'avait aidée à franchir un portillon automatique en lui donnant rendez-vous le lendemain au même endroit – mais elle n'était jamais revenue, si bien que les retrouvailles n'eurent lieu que trois décennies plus tard, dans le cabinet de l'avocat Roland Dumas. La seconde version, moins romanesque, se limite à cette rencontre entre la tenancière d'une « maison » célèbre, en délicatesse avec la justice, et un avocat réputé. Depuis lors, en tout cas, leurs aventures personnelles se sont liées. Tous deux ont au moins

1. L'étrange parcours de Lucienne Goldfarb a été mis en lumière par une enquête de Patrick Jarreau et Edwy Plenel, publiée dans *Le Monde*, 2 juillet 1985. L'intéressée y avait répondu en contestant l'essentiel des faits relatés, dans une lettre publiée dans *Le Monde*, 4 juillet 1985.

en commun une authentique passion : l'opéra. Doté d'une belle voix de ténor, Roland Dumas a longtemps pris des leçons de chant. Dans les années cinquante, il s'est amouraché d'une cantatrice en vogue, Suzanne Chauveau, alors célèbre à l'Opéra-Comique sous le nom de Maria Murano. Lucienne, elle, idolâtrait assez le ténor italien Mario Del Monaco, star du bel canto, pour donner son nom à un hôtel de passe acheté en 1962 avec la bénédiction des autorités policières de l'époque, rue du Débarcadère, dans le XVIIe arrondissement. Rebaptisé depuis et converti en club échangiste, l'établissement est resté son fief. Bénéficiant d'indéniables tolérances, diffusant avec constance des annonces publicitaires dans les guides touristiques les plus réputés, il est observé avec attention par la police. Entré au gouvernement, Roland Dumas ne fréquentait pas l'endroit, mais il arriva que ses conversations avec la tenancière soient interceptées à la faveur de surveillances téléphoniques discrètes. Un responsable de la Police judiciaire parisienne lui recommanda alors d'éviter d'appeler sur cette ligne. Le ministre ne s'en était point offusqué. Il n'avait pas pour autant coupé les ponts avec la « Rouquine », s'amusant même à lire, dans le regard de leurs voisins d'un soir, à l'Opéra, le malaise suscité par les manières sans grâce de cette dame d'un autre monde.

L'amitié entre le ministre et la tenancière – elle préfère dire « gouvernante » – s'incarne dans une association, dénommée Opéralia, fondée par eux en 1994, vouée à la découverte de nouveaux chanteurs et placée sous le patronage de Placido Domingo. Roland Dumas en fut le premier président. Lui succéda un homme d'affaires parisien peu connu mais au profil aventureux, Patrick Maugein, Corrézien d'origine et proche de Jacques Chirac, spécialisé dans le trading pétrolier, que le président du Conseil constitutionnel avait rencontré en Espagne en 1979, lorsqu'il s'acquittait de la tâche que Picasso lui avait confiée avant de mourir : rendre la plus célèbre de ses toiles, *Guernica*, au peuple espagnol une fois la démocratie installée dans le pays.

Devenue une amie intime de Placido Domingo, Lucienne Tell est la vice-présidente et la véritable animatrice d'Opéralia, voyageant autour du monde, connue de tous les spécialistes de l'opéra, réputée pour la justesse de son oreille. L'association a aussi servi de refuge momentané à plusieurs proches de Roland Dumas : l'épouse d'un de ses fils en a tenu la comptabilité, la compagne de son ami et disciple, l'avocat Christian Charrière-Bournazel, en a été l'employée, de même que l'inévitable Christine Deviers-Joncour : éphémère trésorière de l'association – de janvier à mars 1994 –, elle avait quitté Elf depuis quelques mois, après le retour de la droite aux affaires et le remplacement, à la tête de la compagnie pétrolière, de Loïk Le Floch-Prigent par le balladurien Philippe Jaffré. La marraine d'Opéralia lui confia ensuite un travail d'attachée de presse contre un salaire de

10 000 francs bruts par mois. L'argent ne semblait d'ailleurs pas être sa préoccupation première. « Elle cherchait un emploi, et surtout une occupation », devait expliquer Lucienne Tell, ajoutant : « Je me suis rendue à plusieurs reprises chez Mme Joncour, avec qui je suis devenue amie. J'avais été étonnée de son appartement. Elle m'avait dit qu'elle en était gérante, qu'elle l'avait pour le vendre[1]. »

De ce monde à part, et pourtant si apparent, tel un jardin secret ouvert à tous les vents, Roland Dumas ne s'est jamais inquiété. La réussite et le pouvoir lui donnaient le sentiment qu'il pouvait, sur lui-même, en montrer toujours plus. La gêne n'a jamais été dans son camp. Il se moque du qu'en dira-t-on, multiplie les personnages jusqu'à la schizophrénie. Il est à la fois homme de l'ombre et homme d'État, homme du peuple et homme du monde, homme de loi et homme d'affaires – mais il feint d'être toujours le même. « J'ai mené une vie qui en a scandalisé plus d'un », aime-t-il à répéter, avec un sourire narquois[2]. Mais il sent bien qu'il s'en faudrait de peu pour qu'on le juge sur une – mauvaise – réputation. Signe d'une prudence jusqu'alors inconnue, il n'a rien dit de tout cela dans ses mémoires, qu'il introduisait pourtant ainsi : « Le fil de ma vie s'est enroulé comme pour

1. Audition de Lucienne Goldfarb-Tell, 27 mars 1998.
2. *Le Nouvel Observateur*, 2-8 juillet 1998.

former une pelote ; voici venu le temps de la dévider[1]. » Il n'avait pas prévu, en écrivant ces lignes, qu'un juge d'instruction s'en chargerait bientôt.

1. Roland Dumas, *Le Fil et la Pelote, op. cit.*, p. 9.

CHAPITRE TROISIÈME

Les ombres chinoises

Eva Joly vient d'un pays où les ministres prennent l'autobus. La magistrate la plus redoutée de France est née à Oslo, en Norvège, en 1943, et il est probable qu'elle a gardé, de ses origines scandinaves, le goût de la rigueur et d'une certaine forme de simplicité. Son éducation luthérienne, sa blondeur et son léger accent nordique se prêtent bien sûr à la caricature : puisqu'elle vient du pays des fjords, madame la juge est forcément froide comme la glace, sévère jusqu'à la rigidité, rigoureuse jusqu'au rigorisme. Ce qui n'est pas tout à fait faux. Mais elle est aussi souriante, coquette, d'un tempérament plutôt joyeux. À ceux qui l'imaginent en femme de fer, en Jeanne d'Arc de l'instruction ou en mère-la-morale, elle ne déteste pas ménager la surprise d'un contre-pied : on l'a vu commencer un interrogatoire en parlant de mode avec une avocate, faire lanterner de grands chefs d'entreprise devant la porte de son bureau parce qu'elle était partie voir une exposition, ou encore expliquer à un patron mis en examen que son enquête prenait du retard en raison du prochain mariage de sa fille : « C'est moi qui fais les gâteaux ! » avait-elle dit fièrement. Ce sont là les fantaisies d'une femme sûre de son pouvoir. Un pouvoir chèrement acquis.

De son parcours atypique, tout a été dit ou presque. La jeune Eva Farseth a débarqué en France à dix-huit ans comme jeune fille au pair pour apprendre le français, a épousé le fils de la maison, futur médecin généraliste dans la banlieue parisienne, étudié le droit, passé sa licence, puis un DEA de sciences politiques, travaillé pendant huit ans à l'hôpital psychiatrique d'Étampes, comme directeur juridique, avant d'intégrer la magistrature. Ses débuts sont discrets : substitut à Orléans, puis à Évry, elle se distingue surtout par son manque d'aisance à l'oral. En 1989, elle est détachée auprès du Comité interministériel pour les restructurations industrielles (CIRI), organisme conçu par Pierre Bérégovoy, alors ministre de l'Économie, pour favoriser l'assistance de l'État aux entreprises en difficulté. C'est là, au milieu d'une cohorte de fonctionnaires du Trésor, qu'elle fait l'apprentissage de la finance et de l'industrie, base de ses compétences futures. En 1993, elle obtient un poste de juge d'instruction au sein de la prestigieuse galerie financière du tribunal de Paris. Depuis, sa carrière s'identifie à une liste de célébrités du monde des affaires – celles qu'elle a mises en examen. Elle comprend, entre autres, les noms de Bernard Tapie, de l'ancien directeur du Trésor Claude Pierre-Brossolette, du banquier Jean-Maxime Lévêque, ancien président du Crédit lyonnais dont elle a ordonné l'incarcération, à près de soixante-quinze ans. Un tableau de chasse en forme de *Who's who*.

Enfin est venue l'affaire Elf avec son cortège de fantasmes, de légendes, d'ombres et de secrets. Partie, en 1994, des conditions du renflouement du groupe textile Bidermann, financé par Elf à hauteur de 800 millions de francs, la juge s'est lancée sur une multitude de pistes comme on s'enfonce dans une jungle. Derrière la façade du plus grand groupe industriel français s'est alors esquissée la face cachée du monde pétrolier, avec ses commissions occultes, ses détournements colossaux et ses intermédiaires interlopes. Face à un tel spectre, Eva Joly s'est peu à peu isolée, se méfiant de tout et de tous, s'enfermant dans un personnage de magistrat incorruptible engagé seul dans une lutte sans merci contre le Pouvoir et l'Argent. Elle s'est durcie aussi, découvrant avec plus de fascination que de répulsion la puissance que confère le droit de mettre un homme en prison. Mais elle s'est également laissé griser par la notoriété qu'apporte désormais aux juges la médiatisation des «*affaires*». Au temps des scandales du gaullisme immobilier, des micros du *Canard enchaîné* ou de l'affaire Markovic, la presse consacrait moins de place aux enquêtes judiciaires et ne mettait guère en vedette les juges d'instruction. Moins célèbres, ils étaient moins forts. La notoriété était plutôt l'arme des avocats : Roland Dumas était de ceux-là.

Depuis qu'elle ferraille contre les puissants, Eva Joly est devenue l'une de ces nouvelles stars de la société française, et ce statut ne lui déplaît pas tout à fait. Elle lit tout ce qui s'écrit sur elle et peut aller jusqu'à prendre son téléphone pour réprimander un journaliste coupable d'avoir critiqué à bon ou à mauvais escient son travail. Depuis que des rumeurs ont couru, au printemps de 1996, sur d'éventuelles menaces contre sa sécurité, la juge venue du froid ne se déplace plus sans les deux gardes du corps qui lui ont été affectés par le ministère de l'Intérieur. À la manière des juges antiterroristes, et singulièrement de leur chef de file, le très médiatique Jean-Louis Bruguière, elle ne sort du Palais de justice qu'à bord d'une voiture de police, le plus souvent affublée d'une paire de lunettes noires. « Les juges ont le devoir de tout faire pour éviter ce vedettariat », avait-elle déclaré au *Nouvel Observateur*, peu avant l'incarcération de Loïk Le Floch-Prigent[1]. L'article était néanmoins illustré par un portrait d'elle, prenant la pose derrière son bureau pour une grande agence de photo. « Il valait mieux ça qu'une photo volée », s'était-elle justifiée devant quelques avocats. Mais, après la publication, par le même hebdomadaire, d'un article prenant fait et cause pour l'ancien

1. *Le Nouvel Observateur*, 2-8 mai 1996.

P-DG d'Elf, et portant contre elle plusieurs attaques personnelles[1], elle avait accepté de participer à une émission de télévision, sur le thème « La justice et l'argent[2] ». Le lendemain, elle avait dit : « Maintenant, tout le monde sait vraiment à quoi je ressemble. » Elle s'y était montrée à l'aise, aimable mais raide sur les principes, fidèle à cette culture foncièrement démocratique qui a cours dans les pays de l'Europe du Nord où l'égalité des sexes se vit comme une réalité quotidienne, où les hommes politiques pratiquent la modestie. Paraphrasant Hamlet, cet autre héros nordique, elle pourrait déplorer qu'« un honnête homme, au train dont va le monde, on en trouve un sur dix mille ». Un propos, tenu par la magistrate au cours de l'émission, avait toutefois attiré l'attention : « Je ne mettrai pas en péril les intérêts supérieurs de l'État. » Venant du juge de l'affaire Elf, cela pouvait ressembler à un message. Pour Roland Dumas, ce pouvait aussi être un signe encourageant : allons, cette femme d'ordre n'était peut-être pas hostile à toute forme de compromis...

Avec Christine Deviers-Joncour, toutefois, Eva Joly n'a pas été tendre. Les premières rencontres entre les deux femmes – parfois en présence d'une troisième, Laurence Vichnievsky – ont été tendues, jusqu'à l'hostilité. Volontiers féministe, Eva Joly n'éprouve sans doute guère de sympathie pour les

1. *Le Nouvel Observateur*, 14-20 novembre 1996.

2. Il s'agissait du magazine « Capital », diffusé sur M 6, le 2 février 1997.

femmes dont la réussite ne découlerait que d'une simple concession faite par les hommes. D'emblée, elle n'a pas caché sa révolte au vu des sommes considérables soustraites à une entreprise publique, dont celle-ci avait pu disposer uniquement parce qu'elle était la compagne d'un ministre. Une découverte l'a choquée entre toutes : le fils aîné de Christine, que Roland Dumas avait fait employer, un temps, par les Affaires étrangères et qui vit lui aussi, avec son épouse, dans le somptueux appartement de la rue de Lille, perçoit le Revenu minimum d'insertion (RMI), allocation réservée aux chômeurs en fin de droits. Devant plusieurs avocats, la juge s'est dite « scandalisée » par cet abus manifeste, rappelant une fois encore, à cette occasion, le manque de moyens dont souffre l'institution judiciaire. Aux grands patrons convoqués dans son bureau, Eva Joly a souvent montré son bulletin de salaire, en guise d'avant-propos. Elle a clamé haut et fort qu'elle avait acheté sur ses deniers personnels son ordinateur et son télécopieur – « S'il avait fallu attendre les crédits du ministère... »

Le vedettariat aidant, elle a pourtant été l'un des trois premiers magistrats à bénéficier, dès le début de l'année 1996, dans la plus grande discrétion, d'un nouveau logiciel révolutionnaire[1].

1. Les deux autres étaient le juge d'instruction de Paris Jean-Pierre Zanoto, notamment en charge de l'enquête sur l'affaire de l'ARC (Association pour la recherche contre le cancer), et Guy Joly, le président de la commission

Baptisé IAO – comme Instruction assistée par ordinateur – ce programme informatique, conçu durant ses loisirs par un jeune juge d'instruction, alors en poste au tribunal de Lille, permet de stocker sur un simple CD-rom un dossier de plusieurs dizaines de milliers de pages, et d'en retrouver chaque détail en quelques secondes grâce à un système de recherche par mots. Le tentaculaire dossier Elf a ainsi été mis en mémoire, de même que la plupart des autres procédures dont Eva Joly a la charge. Le procédé, assurent ses premiers utilisateurs, permet un gain de temps considérable. Avec un peu d'inspiration, on peut aussi lui faire faire des miracles. Dans les derniers jours du mois de novembre, Eva Joly en a fait l'expérience : lorsque Gilbert Miara, l'homme de la tapisserie, a été identifié, elle a tapé les cinq lettres de son nom sur le clavier de la précieuse machine. Aussitôt, la mémoire informatique a exhumé un dossier oublié dans lequel l'ancien marchand de biens avait déjà été cité : une affaire d'escroquerie, dont la juge est alors saisie depuis le mois de février 1997 et qui, depuis, sommeillait dans un classeur. Un dossier nébuleux, aux confins de la défense, de la diplomatie et du commerce, entourés des ténèbres du secret d'État.

---

d'instruction de la Cour de justice de la République, qui conduisait l'enquête sur l'implication de ministres dans le scandale du sang contaminé.

Opération « Bravo ». C'est ainsi que les ingénieurs français de l'armement avaient, à la fin des années quatre-vingt, baptisé le projet. Un nom de code prometteur, pour un contrat qui ne l'était pas moins. Objet : la vente de six frégates militaires La Fayette au gouvernement de Taiwan. Montant espéré du contrat : entre 11 et 12 milliards de francs, selon les estimations des experts. Les navires devaient être construits par les Chantiers navals de Lorient sous l'égide de la Direction des Constructions navales (DCN), puis dotés d'équipements électroniques de détection mis au point par le groupe Thomson-CSF. La personnalité du client constituait à la fois une garantie et un risque. Une garantie, parce que l'ancienne République de Formose est un pays florissant, dont les réserves en devises sont estimées à 75 milliards de dollars – on ne peut rêver client plus solvable. Un risque, néanmoins, parce que la Chine populaire continue à considérer Taiwan comme une partie de son territoire, au point d'assimiler toute vente de matériels à son gouvernement à une forme de reconnaissance de la sécession nationaliste, donc à une manifestation d'hostilité. Or jamais la France n'avait jusqu'alors vendu le moindre équipement militaire au régime de Taipeh. La réaction de Pékin n'en serait que plus violente. Pour cette raison, les autorités françaises avaient décidé, dès 1989, que dans les négociations avec Taiwan, la DCN, directement rattachée au ministère de la Défense, s'effacerait derrière le groupe Thomson, certes nationalisé, mais qui disposait de ses propres structures commerciales. L'opération avait été estampillée « Secret-Défense ». Personne n'aurait alors pu penser que ses détails seraient évoqués, huit ans plus tard, dans le cabinet d'un juge d'instruction. Ni que dans le sillage des frégates, les enquêteurs tomberaient sur un ministre.

C'est une conjonction de hasards qui a mis Eva Joly sur la piste de l'opération « Bravo ». D'abord, une rencontre. En suivant les cours de l'Institut des Hautes Études de la Défense nationale (IHEDN), sorte de centre de formation aux questions militaires et stratégiques où les civils se mêlent aux soldats de métier, la magistrate a fait la connaissance de Michel Labie. Ancien délégué général d'Elf-Aquitaine en Chine, ce dernier lui a raconté, au cours d'une pause, un épisode troublant de sa carrière pétrolière, dans lequel apparaissait l'incontournable Alfred Sirven. Prête à faire flèche de tout bois contre les anciens dirigeants d'Elf, la juge l'a convoqué pour recueillir sa déposition à titre de témoin. Le 10 octobre 1996, Michel Labie évoque ainsi, sur procès-verbal, l'échec d'un projet de raffinerie à Shanghai, en marge duquel était intervenu un intermédiaire chinois dont il donne le nom : Edmond Kwan. L'homme, raconte-t-il, était porteur d'une lettre de mission de la présidence du groupe pétrolier français, mais se présentait aussi comme « un négociant d'armes mandaté par Thomson et Matra à Hongkong[1] ».

Désireuse de vérifier ce témoignage, Eva Joly téléphone, quelques semaines plus tard, à l'ancien P-DG de Thomson, Alain Gomez. Elle apprend alors que pour lui et pour le groupe d'électronique français, le nom d'Edmond Kwan est un nom maudit. L'homme d'affaires chinois, affirme-t-il, est l'un des protagonistes essentiels d'une incroyable manipulation, dont le but est d'extorquer à Thomson une commission de près de 200 millions de francs sur le fameux contrat des frégates. Une « escroquerie montée par Sirven », résumera Alain Gomez[2]. Mais une escroquerie si bien montée qu'elle a abouti à la condamnation de Thomson devant une instance internationale. Le 23 août 1996 à Genève, au terme de quatre longues années de joutes procédurales, d'interrogatoires de témoins, de mémoires et de contre-mémoires, la Cour d'arbitrage de la Chambre de Commerce internationale a prononcé une « sentence » ordonnant le « paiement immédiat » par le groupe français de 25 125 851,52 dollars américains, ainsi que de 12 691 040 francs français – soit, au total, plus de 155 millions de francs –, assortis des « intérêts aux taux légaux fixés par le droit français ».

1. Audition de Michel Labie, 10 octobre 1996.
2. Audition d'Alain Gomez, 7 janvier 1997.

Entre-temps, Alain Gomez, inspecteur des Finances nommé à la tête du groupe par la gauche en 1982, au moment de la nationalisation, et resté en place depuis lors, malgré plusieurs changements de majorité et de gouvernement, a été brutalement limogé par le Premier ministre Alain Juppé. L'heure était, cette fois, à la privatisation. Son successeur, Marcel Roulet, avait donc hérité de cette vieille bombe jamais désamorcée. Le 3 décembre, l'explosion fut évitée de justesse : au petit matin, un huissier se présenta à la porte des trois banques de Thomson – la Société générale, la BNP et le Crédit lyonnais – afin de faire saisir, sur les comptes du groupe, la somme réclamée. L'huissier se disait mandaté par une fantomatique société suisse dénommée Frontier AG Bern. Dans le calendrier déjà fort délicat de la privatisation de Thomson, cette attaque-surprise tombait mal. L'avant-veille, le gouvernement avait appris que la commission de privatisation, chargée de donner un avis sur le choix du repreneur, se prononçait contre la candidature du groupe Lagardère. La nouvelle n'avait pas encore été rendue publique. Le Premier ministre, qui avait ouvertement privilégié l'option Lagardère, réfléchissait au moyen d'atténuer l'impact d'un tel camouflet. Aussi l'annonce impromptue d'un imbroglio financier autour de Thomson risquait-elle d'envenimer les choses. L'alerte fut donnée jusqu'au sommet de l'État. L'escarmouche judiciaire qui s'ensuivit dura deux jours au terme desquels les avocats de

Thomson déposèrent un recours et déjouèrent la tentative. Le 4 décembre, l'annonce de la suspension du processus de privatisation occupa la « une » de tous les journaux. Si bien que personne ne sut rien de la visite de l'huissier, ni de son exploit manqué.

Mais l'alerte avait été chaude. Thomson restait sous la menace d'une nouvelle tentative. Aussi, lorsque Eva Joly se manifesta, les dirigeants – passés et présents – de Thomson sautèrent sur l'occasion. La curiosité du juge était pour eux comme une dernière chance. Seule l'ouverture d'une enquête pouvait couper court, au moins provisoirement, aux velléités de la société suisse et de ceux qu'elle dissimulait. Encore fallait-il ouvrir à la justice la porte d'un monde dans lequel, d'ordinaire, elle n'a pas ses entrées : celui des grands marchés d'armement internationaux, où les pots-de-vin s'échangent, depuis des décennies, dans l'assentiment général de nations qui prétendent, chez elles, lutter farouchement contre la corruption. Introduire un juge dans ce monde-là, n'était-ce pas ouvrir la boîte de Pandore ? Le 7 janvier 1997, Alain Gomez retraça les grandes lignes de l'affaire dans le cabinet du juge. Mais le parquet de Paris refusa prudemment d'ordonner une enquête sur ce seul fondement. Si le groupe Thomson se prétendait victime d'une bande d'escrocs, c'était à lui de saisir la justice. Le 26 février 1997, après quelques hésitations, Marcel Roulet se résolut à déposer plainte contre X pour « tentative d'escroquerie ». Les dossiers du tribunal arbitral de Genève furent alors communiqués au juge. C'est là, dans cette série de dépositions embrouillées, recueillies sous le sceau du secret, à Genève et à Paris, que l'ordinateur d'Eva Joly devait retrouver la trace du nom de Gilbert Miara. Cette fois encore, il voisinait avec celui de Roland Dumas, non loin de celui d'Alfred Sirven. Autour de ces trois personnages, les pièces du puzzle restaient à assembler.

Pour percer le mystère de l'opération « Bravo », il convient d'abord de remonter le temps. Se reporter aux premiers jours de l'année 1990. Après des mois de préparation, les ingénieurs de Thomson et de la DCN viennent de remporter une bataille. Le 3 janvier, l'hôtel Matignon a publiquement confirmé l'accord officiel de la Commission interministérielle d'études pour l'exportation des matériels de guerre (CIEEMG) pour la vente des frégates. C'est cet organisme, composé de représentants des ministères concernés, qui avalise les contrats de vente d'armement à l'étranger. Pour ne pas irriter les autorités de Pékin, le communiqué du Premier ministre spécifie que l'autorisation ne porte que sur des « coques non armées », et que ce contrat n'affectera donc « en rien » la sécurité de la Chine. En quelques jours, pourtant, tout bascule. Le 9 janvier, la délégation française qui devait s'envoler pour Taipeh, la capitale taiwanaise, afin de signer le contrat, annule précipitamment son départ. Le même jour, le gouvernement de Michel

Rocard indique que la décision de la CIEEMG est rapportée. « Le gouvernement a finalement décidé de céder aux pressions de Pékin », commente *Libération*[1]. « La décision en reviendrait à l'Élysée, qui a remis en cause l'attitude arrêtée sous l'égide de Michel Rocard », peut-on lire dans *Le Monde*[2]. Directement au fait du dossier, l'un des directeurs de Thomson chargé de l'Asie, Alain Fribourg, expliquera, lui, au tribunal arbitral que « l'autorisation avait été annulée par le président de la République, sur intervention du ministre des Affaires étrangères de l'époque, M. Dumas, qui avait estimé que la livraison de ces bateaux ne correspondait pas aux intérêts de la France[3] ». Pour Thomson, en tout cas, le coup est rude, et la déception cruelle.

C'est alors qu'entre en scène Alfred Sirven. Homme de contact volubile, grand manieur d'hommes et d'affaires, négociateur rusé, le directeur des « affaires générales » d'Elf-Aquitaine prétend détenir la solution à cette crise inattendue. Au titre d'une sorte de « confraternité » entre grandes entreprises nationales, explique-t-il, le groupe pétrolier est prêt à mettre à la disposition de Thomson ses « réseaux » propres, afin de surmonter l'opposition chinoise. Elf peut y avoir un intérêt : si l'affaire tourne à l'incident

1. *Libération*, 10 janvier 1990.
2. *Le Monde*, 11 janvier 1990.
3. Déposition d'Alain Fribourg devant la Cour internationale d'arbitrage, 16 mars 1994.

diplomatique entre Paris et Pékin, le régime chinois pourrait sanctionner toutes les entreprises françaises travaillant sur son sol... À quelles prestations correspondrait l'assistance fournie par Elf ? Nul ne l'exprimera jamais en termes clairs. Au reste, la négociation se déroulera entre trop peu d'intervenants – dont plusieurs ne se sont jamais exprimés depuis lors – pour qu'une certitude puisse être dégagée sur ce point. Mais était-ce vraiment l'essentiel ? Le directeur général de Thomson pour les affaires internationales, Jean-François Briand, qui avait « porté » le projet « Bravo » de bout en bout, était aux abois. Certains le disaient « en dépression ». Si un personnage aussi respectable qu'un directeur d'Elf, dont tout Paris savait qu'il était l'homme de confiance du président Le Floch-Prigent, lui servait une solution sur un plateau, pouvait-il faire la fine bouche ? « Ce qui m'intéressait, devait-il déclarer au tribunal arbitral, c'était d'avoir l'appui du réseau Elf, parce qu'on s'aventurait dans cette affaire de Taiwan d'une manière nouvelle. » Avant d'ajouter, plus ambigu encore : « Dans mon esprit, ce qu'on a cherché, c'est l'appui du réseau Elf en tant que réseau, et pas pour un pays particulier[1]. »

Les services du « réseau Elf », bien sûr, ne sont pas gratuits. Sur les conseils d'Alfred Sirven, Thomson signe à Paris une « lettre-contrat », le

1. Déposition de Jean-François Briand devant la Cour internationale d'arbitrage, 25 avril 1995.

19 juillet 1990, avec la société Frontier AG Bern, représentée par un banquier en retraite, Edgar H. Brunner. Encore les termes de la convention ont-ils été négociés, au nom de la société suisse, par un collaborateur d'Alfred Sirven, Hubert Le Blanc-Bellevaux. L'exemplaire unique de ce document est déposé dans un coffre de l'agence de la BNP du quartier de la Défense, banque habituelle du groupe Elf, dans une enveloppe cachetée. Le texte prévoit simplement que les deux parties contractantes sont « convenues de collaborer » au projet de vente des frégates. En contrepartie de son « concours exclusif », la société suisse percevra, en cas de réussite du projet « Bravo », une commission égale à 1 % du marché conclu avec Taiwan. Mais, là non plus, la nature de ses interventions n'est pas précisément définie : « Vous nous tiendrez régulièrement informés des conditions dans lesquelles se présentera cette affaire sous ses différents aspects opérationnel, financier, technique et commercial, indique simplement le texte. À notre demande, vous aurez à nous apporter votre concours dans les négociations que nous aurons à conduire. »

Onze mois plus tard, le 5 juin 1991, le gouvernement français, cette fois dirigé par Édith Cresson, donnera le feu vert définitif à l'exportation des frégates vers Taiwan. Le contrat sera signé le 31 août 1991. C'est alors que le « réseau Elf » refait surface. Le 26 novembre, Alain Gomez reçoit une télécopie émise par Edgar H. Brunner qui lui réclame, au nom de Frontier AG Bern la commission promise. Le P-DG de Thomson assurera toujours, par la suite, avoir jusqu'alors ignoré l'existence de la convention passée avec la société suisse. Jean-François Briand, l'homme clé de l'opération « Bravo », avait quitté le groupe entre-temps, en laissant à ses collaborateurs une consigne de méfiance : « Ne payez pas, jusqu'à plus ample informé. » Lors de son dernier entretien avec Alain Gomez, il émet devant lui le soupçon d'une opération de « financement politique ». Alain Gomez ordonne une brève enquête interne, et refuse de payer. Le 4 décembre, il écrit sèchement au banquier Brunner que la société Frontier AG Bern ne peut revendiquer « aucune prestation particulière susceptible de lui ouvrir droit à une quelconque rémunération ». S'engage alors une interminable bataille d'avocats qui se prolonge, à Genève, devant la Cour internationale d'arbitrage, à partir de l'automne 1992. Trois arbitres sont désignés : l'ancien bâtonnier de Genève, François Brunschwig ; l'avocat parisien Jean-Denis Bredin ; l'ancien ministre de la Justice espagnol, José Pedro Perez-Llorca.

Devant cet aréopage prestigieux, le défilé des témoins ne débute que le 15 mars 1994 par l'audition d'un grand gaillard un peu pataud, citoyen américain d'origine asiatique, résidant à Hongkong : Edmond Kwan. S'exprimant en anglais, lisant un texte préparé à l'avance, il explique au tribunal être « consultant » en Chine de plusieurs grandes compagnies occidentales, dont Elf-Aquitaine, et avoir de lui-même, fort de relations haut placées auprès du régime de Pékin, « offert ses services » pour résoudre la crise des frégates. « Pendant plusieurs mois, assure-t-il, j'ai collaboré avec le gouvernement de la Chine communiste et je transmettais les informations régulièrement à Paris, par l'intermédiaire de M. Sirven et au ministère des Affaires étrangères français. C'est eux qui vérifiaient l'information transmise. Je suis convaincu que les différentes mesures que j'ai prises ont certainement contribué à ce que Taiwan accepte d'attendre et de continuer ses pourparlers avec Thomson [1]. »

S'il faut en croire ce témoignage, l'« intervention » de la société Frontier AG Bern s'identifie donc à l'action d'Edmond Kwan.

« – M. Kwan n'est-il pas alors le véritable demandeur ? interroge alors l'un des avocats de Thomson.

« – Pratiquement, oui », répond, un peu mal à l'aise, M. Kwan.

Ce jeu de masques, qui consistait en somme à témoigner en faveur de soi-même, ne trouble guère les arbitres. En tant qu'intermédiaire professionnel, M. Kwan avait sans doute péché par excès de discrétion : jamais personne, chez Thomson, n'avait d'ailleurs entendu parler de

1. Déposition d'Edmond Kwan devant la Cour internationale d'arbitrage, 15 mars 1994. Les passages entre guillemets qui suivent sont extraits de la même déposition.

lui. À cela, il livre au tribunal une réponse toute prête : « Elf-Aquitaine et M. Sirven se sont mis d'accord pour que je ne rencontre pas quelqu'un de Thomson. » L'homme d'affaires de Hongkong précise toutefois qu'il avait « un représentant à Paris » : Gilbert Miara. « Pour autant que je sache, dit-il à son propos, il avait des rapports avec le gouvernement français. Je ne sais pas s'il était fonctionnaire. En Chine, il est de coutume que, lorsque vous ne dites pas quelque chose, on ne pose pas de question. S'il pensait que je devais le savoir, il me l'aurait dit. » Interrogé quelques heures plus tard, Alfred Sirven confirme en tous points le récit d'Edmond Kwan – « un homme qui avait un tissu de relations politiques et familiales » en Chine, précise-t-il. Enfin, le 4 mai 1994, Loïk Le Floch-Prigent, l'ex-président d'Elf, devenu depuis lors P-DG de Gaz de France, écrit au tribunal arbitral pour témoigner, à son tour, en faveur de M. Kwan. Sa lettre débute ainsi : « Mon ancien collaborateur, M. Alfred Sirven, m'a prié de bien vouloir vous apporter les éléments d'information en ma possession au sujet du différend qui oppose M. Edmond Kwan à la société Thomson-CSF... » L'ancien dirigeant d'Elf présente ensuite Edmond Kwan comme le « consultant attitré » de la compagnie pétrolière pour la Chine, et explique dans quelles circonstances il fut informé, par Alfred Sirven, que M. Kwan se proposait « d'intervenir utilement en faveur de Thomson » dans le contentieux des frégates. La suite mérite d'être citée *in extenso* :

« Estimant qu'il était de notre devoir d'apporter notre aide à notre consœur Thomson-CSF, écrit Loïk Le Floch-Prigent, je lui donnai [à Sirven] l'autorisation d'informer cette dernière, après toutefois avoir pris la précaution d'en informer et de demander conseil au ministre d'État, ministre des Affaires étrangères, avec lequel nous entretenions des rapports fréquents concernant les affaires internationales menées sous mon égide par Elf-Aquitaine.

« Par la suite, M. Sirven m'a informé de la position du ministre des Affaires étrangères sur la question : tout ce qui pouvait être fait pour améliorer la situation entre la France et la Chine devait être fermement encouragé. Dans ces conditions, le contact avec Thomson-CSF et les représentants de M. Edmond Kwan fut établi grâce à nos bons offices.

« L'affaire suivit son cours et, plus tard, je me souviens d'une manière précise qu'en avril 1991, suite à la visite officielle à Paris de M. Zhu Rongji, nouveau vice-Premier ministre du gouvernement de Pékin, M. Sirven vint m'annoncer qu'un compromis était en cours d'établissement entre Paris et Pékin, et que le problème était en voie de règlement. Cette information m'a été confirmée lors d'une séance de travail dans le bureau du ministre des Affaires étrangères avec M. Sirven à mes côtés. Ce dossier a été évoqué par le ministre, qui pensait que l'affaire avait maintenant toutes les chances de se terminer positivement, et que son cabinet en avait d'ailleurs fait part au directeur général de Thomson-CSF.

« En conclusion, le ministre a exprimé son opinion que "nos correspondants avaient vraiment fait du bon travail" en Chine. »

L'invocation indirecte du témoignage de Roland Dumas – le « ministre » dont le nom n'est pas cité –, derrière lequel l'ancien P-DG d'Elf s'est prudemment retranché, emportera définitivement la conviction des arbitres. Mis en avant par Loïk Le Floch-Prigent, l'épisode de la visite en France de Zhu Rongji – futur Premier ministre chinois – avait également été présenté par Edmond Kwan comme le moment décisif de son intervention. Si le ministre des Affaires étrangères lui-même s'est ensuite félicité de l'action de M. Kwan, qui pourrait continuer à douter ?

Jusqu'au bout, les avocats de Thomson, Tony Dreyfus et Jean-Étienne Giamarchi, s'efforceront pourtant d'instiller le soupçon dans une aussi parfaite construction. Si l'intermédiaire chinois et, derrière lui, le fameux « réseau Elf », sont bien intervenus, est-on certain que c'était effectivement auprès des autorités chinoises ? Après tout, les protestations de Pékin n'ont jamais empêché aucun pays occidental de commercer avec Taiwan. Seule une décision française bloquait le contrat taiwanais. L'un des dirigeants de Thomson l'avait clairement rappelé : « Pour moi, l'interdit est venu de l'Élysée, pas de Pékin », avait-il déclaré, apportant ces précisions : « L'opposition claire est venue du ministère des Affaires étrangères [...] On avait un vrai problème français [...] C'est en France qu'on avait obtenu l'autorisation qui avait été annulée et qu'il convenait [...] de faire le travail de conviction au niveau de l'ensemble des ministères concernés [1]... »

Ce qui revenait à poser la question essentielle : si l'action du « réseau Elf » avait été décisive, auprès de qui l'avait-elle été ? Vieil ami de Michel Rocard, secrétaire d'État auprès du Premier ministre au moment de la première autorisation du marché des frégates – celle accordée en janvier 1990 –, Tony Dreyfus s'aventura le plus loin possible dans les sous-entendus, suggérant, au cours de l'une de ses plaidoiries, l'hypothèse selon laquelle « les collaborateurs de M. Le Floch-Prigent auraient choisi d'être des intermédiaires auprès du gouvernement français, pour convaincre ce gouvernement français, en particulier un ministre honorable, de donner son autorisation [2] »... N'était-ce pas ce travail de persuasion-là que les 200 millions réclamés par M. Kwan devaient rémunérer ?

Questions posées en pure perte. La décision finale du tribunal arbitral, adoptée à l'unanimité de ses trois membres, balaya ces soupçons en

1. Déposition d'Alain Fribourg devant la Cour internationale d'arbitrage, 16 mars 1994.

2. Plaidoirie de Me Tony Dreyfus devant la Cour internationale d'arbitrage, 25 avril 1995.

termes catégoriques : « L'ensemble des auditions et des confrontations auxquelles le tribunal a procédé a établi, sans contestation possible, la réalité des prestations attendues de M. Kwan et réalisées par lui. » Décidément habile à se fondre dans le décor, Gilbert Miara s'était, pour ainsi dire, fait oublier. Un halo de mystère flottait pourtant autour de lui. Chacun des témoins a donné une version différente de son rôle dans l'affaire. « Miara effectuait un certain nombre de liaisons, une certaine mission en France », a dit Alfred Sirven[1]. « Je crois comprendre qu'il a un lien avec le ministère des Affaires étrangères », a risqué Edmond Kwan[2]. Plusieurs années avant Eva Joly, les avocats de Thomson ont été intrigués par la personnalité de ce marchand de biens jouant les *go-between* dans une négociation internationale de semblable importance. Un début d'enquête leur a appris qu'il résidait rue de Bièvre, et ce voisinage aussi a nourri leur suspicion. Convoqué à leur demande par le tribunal arbitral, Gilbert Miara a été interrogé le 19 juillet 1994. Mais sa déposition est la seule dont il ne reste aucune trace : exceptionnellement réunis ce jour-là à Paris, au cabinet de Jean-Denis Bredin, les arbitres n'avaient pas demandé la sténotypie des débats. Se référant à ses notes personnelles, Tony Dreyfus devait

1. Déposition d'Alfred Sirven devant la Cour internationale d'arbitrage, 15 mars 1994.

2. Déposition d'Edmond Kwan devant la Cour internationale d'arbitrage, 21 novembre 1995.

simplement se souvenir, plus tard, que l'homme d'affaires s'était alors présenté comme servant d'« interface avec le ministre des Affaires étrangères[1] ». Nul n'en a retenu davantage.

Interroger le ministre lui-même ? Les arbitres n'y songèrent à aucun moment. Au mois de janvier 1997, soit deux ans et demi plus tard, pour les besoins d'une enquête journalistique sur les dessous de l'opération « Bravo », Roland Dumas fit appel à ses souvenirs. Du moins le prétendit-il. Devenu président du Conseil constitutionnel, il affirma qu'il ignorait « si, oui ou non, des intermédiaires avaient travaillé sur ce dossier ». Le règlement du contentieux des frégates, estimait-il, avait été obtenu grâce au travail de la seule diplomatie française. Assurant s'être « dépensé sans compter » pour apaiser la colère des Chinois, il concluait sans sourciller : « C'est ma méthode qui a été payante. » Il prétendit aussi ne pas savoir qui était Gilbert Miara, et s'étonna en ces termes d'apprendre qu'il était son voisin : « Vraiment ? Mais c'est un véritable roman policier[2]... » L'ancien marchand de biens, lui, opposa une fin de non-recevoir à toute sollicitation. Il fallut donc attendre qu'une série de coïncidences

1. Plaidoirie de Me Tony Dreyfus devant la Cour internationale d'arbitrage, 22 novembre 1995.

2. Entretien avec l'auteur, 24 janvier 1997. Plusieurs extraits de cet entretien ont été reproduits dans une enquête publiée dans *Le Monde*, 27 février 1997, sous le titre : « Les mystères de l'Opération Bravo ».

romanesques, d'intérêts entremêlés et de secrets dévoilés le conduise dans le cabinet d'un juge, pour qu'enfin se fasse la lumière sur ce théâtre d'ombres.

Le 2 décembre 1997, Gilbert Miara est conduit, menottes aux poignets, dans le bureau d'Eva Joly. Il vient de passer trois jours en cellule. Il sait qu'il risque d'y retourner. Compromis par son apparition dans l'acquisition de l'appartement de la rue de Lille, trahi par l'achat de la tapisserie qui y était exposée, cité dans le dossier des frégates, il a été mis en examen, le 28 novembre, au sortir de la garde à vue, pour « complicité d'abus de biens sociaux ». Sans surprise. Eva Joly voulait le faire incarcérer. À la demande de son avocat, Me Jean-Yves Liénard, elle a accepté de différer le débat contradictoire – avec le parquet et la défense – sur la mise en détention. Vieux routier des affaires pénales, l'avocat a mis à profit ce délai pour convaincre son client de parler. Maintenant qu'ils détiennent le numéro de son compte suisse, lui a-t-il expliqué, les enquêteurs n'ont qu'à s'armer de patience : les autorités helvétiques finiront tôt ou tard par leur communiquer tout ce qu'ils veulent savoir. Si Miara prend les devants, s'il consent à dire ce qu'il sait, Eva Joly le laissera en liberté. L'ancien marchand de biens se laisse convaincre.

C'est alors qu'il établit, pour la première fois, un lien entre Christine Deviers-Joncour, l'appartement de la rue de Lille et l'affaire des frégates de

Taiwan – un lien qui, dès lors, ne cessera de se préciser. Que raconte Miara ? Qu'il avait, par Christine, rencontré Alfred Sirven ; que celui-ci lui avait présenté Edmond Kwan en lui proposant de devenir son « correspondant » à Paris pour le suivi du dossier des frégates – « Une affaire où il y a ta copine », lui avait dit Sirven[1]. En quoi consistait sa tâche ? « Envoyer des coupures de presse à M. Kwan, faire un secrétariat téléphonique pour lui », assure Miara. Son rôle allait changer de nature lorsque Sirven et Kwan apprirent que Thomson refusait de payer la commission espérée, et qu'ils décidèrent d'engager la procédure d'arbitrage. Car, dès cet instant, poursuit-il, Christine « s'affole ». « Un procès, c'est quelque chose de visible », dit-elle, « dans tous ses états » : « Elle veut trouver un arrangement. » C'est ainsi qu'Alfred Sirven aurait décidé de « lui avancer sa part ». Miara aurait alors été requis pour servir d'« intermédiaire » entre Christine et Sirven, parce qu'il disposait d'un compte à Genève. « J'ai donné mes coordonnées bancaires à M. Sirven, conclut-il. J'ai reçu un crédit sur mon compte de 45 millions de francs. » L'argent fut versé au mois de janvier 1992. Sur cette somme, explique-t-il enfin, il conserva 13 millions, qui servirent notamment à acheter la tapisserie. À la demande de Christine, il fit transférer la différence – 32 millions de francs –

1. Interrogatoire de Gilbert Miara, 2 décembre 1997. Les citations suivantes sont extraites du même interrogatoire.

sur un compte à Lugano, au nom de Carlo Pagani : une partie de cette somme devait servir, cinq mois plus tard, à acheter l'appartement de la rue de Lille. La boucle était bouclée.

Apparaissent alors, au travers du récit de Gilbert Miara, les contours encore flous de la manipulation. Certes, il ne fait pas de doute que l'ancien marchand de biens a livré au juge une version édulcorée de son intervention. Comment croire en effet que l'on avait fait appel à lui uniquement parce qu'il possédait un compte bancaire à Genève, alors qu'à l'évidence Christine Deviers-Joncour disposait elle-même d'un compte à Lugano ? Comment croire, aussi, que la seule fourniture d'un compte de transit, permettant de faire passer la commission destinée à Christine, après quelques travaux de secrétariat, avait pu lui rapporter la bagatelle de 13 millions de francs ? Pour l'heure, ses révélations lèvent en tout cas le doute sur la comédie qui se joua devant le tribunal arbitral de Genève, et sur l'identité de son metteur en scène : Alfred Sirven. Car c'est bien le directeur des « affaires générales » d'Elf qui conduisait la manœuvre, recrutant les acteurs, distribuant les rôles. Lui aussi qui pouvait faire verser « sa part » à la compagne de Roland Dumas sans attendre l'argent de Thomson, preuve qu'il exerçait, dans cette affaire, le pouvoir de décision. Le fameux « réseau Elf », dont il avait tant vanté l'efficacité, était avant tout un réseau Sirven.

Dans ce casting frauduleux, Loïk Le Floch-Prigent joua les figurants : il refusa de venir déposer à Genève devant les arbitres, mais céda à l'insistance de son vieux compagnon pour témoigner par écrit. C'était aussi, pour lui, la meilleure façon de peser chaque mot, de rendre service sans trop s'exposer. Hubert Le Blanc-Bellevaux, lui, ne fit qu'une brève apparition : il avait été choisi pour rédiger le contrat. « J'ai fait un peu de droit, expliqua-t-il devant le tribunal arbitral, mais je n'ai jamais exercé la profession d'avocat ou de conseil juridique. Mais j'ai rédigé d'autres contrats de ce genre[1]. » Surnommé « 007 » en raison d'un penchant caricatural pour le secret, cet énarque proche de plusieurs dirigeants du parti républicain avait été recruté en 1990 par Elf-Aquitaine International (EAI), la filiale genevoise présidée par Alfred Sirven, le même jour que Christine Deviers-Joncour. Dans la liste des salariés, l'amie du ministre était appelée « Christine Dejon », et lui s'abritait derrière une société, « DB Finance ». Les archives d'EAI attestent aussi que Gilbert Miara disposa, à la même époque, d'une carte de crédit semblable à celle de Christine, grâce à laquelle il dépensa quelque 200 000 francs pour ses « faux frais ». Les registres d'EAI

1. Déposition d'Hubert Le Blanc-Bellevaux devant la Cour internationale d'arbitrage, 15 mars 1994. Mis en cause pour son rôle auprès d'Alfred Sirven dans le versement par Elf-Aquitaine de plusieurs commissions, notamment en Allemagne, M. Le Blanc-Bellevaux a été mis en examen pour « *complicité d'abus de biens sociaux* », et incarcéré durant plusieurs semaines, au cours de l'été 1997.

mentionnent aussi Edmond Kwan. Délégué du groupe pétrolier en Asie, l'intermédiaire de Hongkong joua les doublures. Depuis plusieurs années, l'essentiel de ses affaires se situait entre Genève et l'Afrique, où il s'était associé avec plusieurs anciens d'Elf, notamment au Gabon. Mais, lorsque avait éclaté le conflit avec Thomson et qu'il avait fallu arguer d'une intervention en Chine, Sirven avait fait appel à lui – sans doute parce qu'il avait le physique de l'emploi. Plus tard, les enquêteurs découvriront que les déclarations qu'il avait lues devant les arbitres lui avaient été entièrement dictées. Chez l'un de ses avocats parisiens – choisis et payés par Miara –, ils retrouveront aussi une lettre, expédiée de Hongkong par un Edmond Kwan aux abois, le 1er août 1997, pour être remise à Alfred Sirven. Nul ne sait si ce courrier lui est jamais parvenu : l'ancien homme fort d'Elf-Aquitaine s'était déjà mis hors de portée de la justice. Mais le texte contient la preuve définitive de l'arnaque qu'il avait mise sur pied.

Un an après la clôture de l'arbitrage victorieux, M. Kwan, réclamant au « cher Alfred » la rétribution de ses « services », écrit en effet noir sur blanc que l'« accord d'origine » qu'il avait conclu en 1990 « stipulait que [lui] serait payée la somme de deux millions de dollars » – soit quelque 11 millions de francs. Comment soutenir, dès lors, que la commission réclamée à Thomson, dont le montant était près de vingt fois supérieur, constituait la rémunération des diligences chinoises du seul Edmond

Kwan ? La lettre ne dit pas à qui – si Thomson avait payé – devaient être versés les 190 millions restants... L'intermédiaire y signale, néanmoins, que depuis l'ouverture de l'enquête judiciaire, il lui a été conseillé « de ne plus [se] rendre en France » et il revendique en conséquence un« dédommagement » financier. « Dès lors que les arrangements relatifs à mes honoraires auront été réglés, écrit-il, je suis plus que prêt à me montrer coopératif en signant tous les documents pour lesquels vous avez besoin de ma validation, afin de régler l'affaire Thomson et de répartir les honoraires dus par Thomson de la manière que vous-même et les autres parties aurez convenue. » Le texte ne précise pas non plus de quelles « autres parties » il s'agit...

À relire, à la lumière de ces révélations ultérieures, les déclarations d'Alfred Sirven devant les trois juristes chevronnés du tribunal arbitral, il est aisé d'imaginer combien il dut s'amuser de sa propre mise en scène, conduisant avec une autorité bonhomme sa petite troupe de comédiens amateurs alléchés par l'énormité du cachet. Longues de plusieurs dizaines de pages, les transcriptions de ses dépositions laissent deviner la jubilation de cet homme sûr de son fait, cabotinant sans retenue dans un personnage de Samaritain du business, dont l'intervention en faveur de Thomson aurait été « modeste », « épisodique » et « bénévole » [1],

1. Déposition d'Alfred Sirven devant la Cour internationale d'arbitrage, 15 mars 1994.

mimant l'indignation lorsque le soupçon de « trafic d'influence » fut émis en sa présence : « Quel vilain terme ! Quels sont les juristes qui l'ont inventé[1] ? » Elles recèlent aussi ce passage troublant où il semble s'amuser à aller trop loin, suggérant l'indicible jusqu'à la provocation : « Je ne suis pas un *deus ex machina* miraculeux, ricanait-il. Je ne suis qu'un petit maillon de la chaîne, qui avait introduit l'affaire et qui transmettait des informations. Le ministre d'État, dans sa bienveillance, entre l'Irak, l'Iran et d'autres, me disait que, dans cette affaire de frégates, il y avait encore des difficultés. Je lui donnais les informations que je recevais. Souffrez que je ne m'étende pas trop sur ce domaine. Ce serait discourtois et contraire aux usages[2]... »

Les règles de la courtoisie furent scrupuleusement respectées sur un point : le rôle de Christine Deviers-Joncour fut totalement passé sous silence. Son nom manqua au générique. Devant les arbitres, personne n'évoqua jamais son intervention – pas même les représentants de Thomson, qui auraient dû pourtant en conserver au moins un vague souvenir. Car elle était bien là, au commencement de l'affaire, accompagnant Alfred Sirven, le jour du premier rendez-vous chez Thomson, où fut proposée l'intervention du vrai-faux « réseau Elf ».

1. Déposition d'Alfred Sirven devant la Cour internationale d'arbitrage, 21 novembre 1995.

2. *Idem.*

La scène s'est déroulée au début de l'année 1990, sans doute peu après l'intervention de l'Élysée qui avait bloqué l'opération « Bravo ». Le couple avait été reçu par deux responsables des dossiers internationaux de Thomson-CSF, Georges Barrabès et Christian Jallabert. Comment Sirven leur avait-il présenté celle qui l'escortait ? Comme l'une de ses collaboratrices ou comme la compagne du ministre des Affaires étrangères ? Eux seuls pourraient le dire. Un compte rendu de cet entretien avait été rédigé à l'époque ; il figure toujours parmi les archives du groupe Thomson. Lui aussi pourrait parler.

Le 8 décembre 1997, soit quelques jours après les aveux de Gilbert Miara, l'ancien P-DG de Thomson, Alain Gomez, confirmera devant Eva Joly l'intervention initiale de Christine Deviers-Joncour dans la négociation des frégates. « Un déjeuner a réuni ces personnes, racontera-t-il. La conversation roulait sur des considérations générales. Le problème des frégates a été évoqué et Mme Deviers-Joncour prétendait qu'elle pourrait faire quelque chose pour Thomson, pour dominer la résistance chinoise. » Après ce contact initial, Thomson ne traita plus qu'avec Alfred Sirven. La prestation de Christine Deviers-Joncour s'était-elle limitée à un déjeuner ? Deux ans après cette brève rencontre, elle encaissa pourtant 45 millions de francs.

« Quel extraordinaire service peut avoir rendu quelqu'un, qui vaille 45 millions de francs ? a demandé Eva Joly à Gilbert Miara.

« – Je ne peux faire que des suppositions, a-t-il répondu. Je ne me suis pas posé la question, mais l'affaire était très importante et a généré des commissions à hauteur de l'enjeu.

« – Quel a été le rôle de Christine Deviers-Joncour dans les négociations avec la Chine ?

« – Aucun, à ma connaissance.

« – À l'époque, partageait-elle l'intimité de Roland Dumas ?

« – Oui. »

CHAPITRE QUATRIÈME

Paris-Genève-Lugano

M. Pagani est un professionnel de la discrétion. De son bureau de Lugano, via Francini, il dirige une cascade de sociétés de placements qui elles-mêmes gèrent les fonds de centaines d'investisseurs anonymes. Sous des intitulés passe-partout – Finarist, Findeluca, Elektra, Concordia... – les officines de ce gestionnaire de l'ombre abritent une intense activité financière, où l'argent tourne si vite que ses origines finissent le plus souvent par se perdre. C'est d'ailleurs pourquoi l'on fait appel à lui. On en déduirait volontiers que les clients de M. Pagani ont des millions à camoufler. Il ne leur demande pas pourquoi. Il met à leur disposition de petites structures prêtes à l'emploi, sociétés de papier dont l'existence tient à une petite enveloppe remplie de documents déjà signés, contresignés, cachetés. Un objet social très général, un siège au bout du monde – Panama, Bahamas, Îles Vierges... – et quelques paraphes d'avocats sur des formulaires très officiels suffisent à constituer en quelques minutes une société-écran que l'on peut baptiser à sa guise. M. Pagani n'a plus ensuite qu'à ouvrir, dans n'importe quelle banque suisse, un compte au nom de ladite société. Certes, il faut indiquer au banquier le nom de l'« ayant-droit économique », c'est-à-dire du véritable détenteur des fonds. Depuis 1990, la loi helvétique l'exige. Mais il sera inscrit sur un petit carton, bien rangé au fond d'un dossier. Et la banque n'aura plus affaire qu'à M. Pagani.

Ce commerce est légal. À Lugano comme à Genève, à Lausanne ou à Zurich, des centaines de M. Pagani réceptionnent, convertissent, divisent, répartissent, transfèrent chaque jour des centaines de sommes d'argent sur des centaines de comptes, dans une sorte de tourbillon permanent. Leur activité est connue et respectée. Seuls les clients se cachent. En Suisse, M. Pagani et ses confrères sont appelés des « gestionnaires de fortunes » ou, plus simplement selon un néologisme très helvétique, des « fiduciaires ». Ils vendent du savoir-faire et de l'anonymat. Rendre service est pour eux un devoir. Ils ne redoutent qu'une chose : être obligés d'ouvrir leurs tiroirs.

Le 3 décembre 1997, Carlo Pagani n'a pourtant guère le choix. Vingt-quatre heures après la confession de Gilbert Miara à Eva Joly, il doit se présenter au Palais de justice de Genève où le juge d'instruction suisse Paul Perraudin l'a convoqué. Le magistrat genevois lui a indiqué qu'il agissait en vertu d'une demande de coopération des juges français Eva Joly et Laurence Vichnievsky. Il lui a aussi précisé quel serait le sujet de leur entretien : une ressortissante française nommée Christine Deviers-Joncour, soupçonnée d'avoir dissimulé, par son entremise, d'importants avoirs en Suisse dont l'origine est tenue pour suspecte. Pour l'homme d'affaires de Lugano, l'alternative est simple : s'il se retranche derrière un vague « secret professionnel », il contraindra le juge Perraudin à engager une enquête sur ses propres sociétés, et expose l'ensemble de ses clients au risque de la curiosité judiciaire ; s'il coopère, en revanche, il préserve le reste de ses activités et la réputation de ses établissements. Il parle :

« – Je suis le président d'une fiduciaire sise à Lugano, explique-t-il. Cette fiduciaire (intitulée Credito Privato Commerciale SA) a une activité de gérance de fortune et de services fiduciaires en général. Nous avons eu pour cliente Mme Christine Deviers [...] Mme Deviers souhaitait que notre fiduciaire puisse administrer et gérer ses avoirs. Elle souhaitait également que ses avoirs soient déposés sur le compte d'une société dont elle serait l'ayant-droit économique. Nous avons, à cette fin, constitué ou vendu à Mme Deviers – en 1991, sauf erreur – une société de droit du Costa-Rica, dénommée Aston SA. Aston SA a ouvert un compte auprès d'une banque de Lugano [l'Union de banques suisses, UBS]. Les avoirs pour lesquels Mme Deviers nous a confié un mandat de gestion ont ainsi été transférés sur le compte d'Aston SA auprès de l'UBS.

« – Quelle a été l'importance de ces avoirs ? lui demande le juge Perraudin.

« – De l'ordre d'une dizaine de millions de francs suisses », répond Carlo Pagani.

L'homme d'affaires confirme les grandes lignes du montage mis sur pied pour l'achat de l'appartement de la rue de Lille. Dans un premier temps, la société costaricaine devait servir d'écran dans la transaction. Pour cela, il lui fallait un représentant disposant d'une procuration : la cliente avait désigné Gilbert Miara. Mais, « sur avis de ses conseils », elle avait ensuite voulu changer de méthode. Avait alors été retenue l'idée d'une construction moins discrète, mais apparemment plus avantageuse sur le plan fiscal : l'acquisition serait directement effectuée par une société civile immobilière de droit français dont Christine Deviers-Joncour serait officiellement actionnaire à hauteur de 30 % – « pour des motifs qui ne m'ont pas été expliqués », indique M. Pagani. Lui-même avait accepté de passer, au titre de sa société fiduciaire, pour le détenteur des 70 % restants. Les documents nécessaires avaient été établis chez lui, à Lugano, le 1er juin 1992, en présence de Christine Deviers-Joncour. Deux jours plus tard, les fonds destinés à l'achat de l'appartement – 17 552 500 francs, frais notariaux compris – avaient été virés, sous l'intitulé « rue de Lille », vers la Caisse des dépôts et consignations, à Paris. Depuis, l'établissement de M. Pagani prélève automatiquement, chaque mois, sur les fonds de sa cliente, la somme de

50 000 francs qu'il transfère sur un compte parisien pour « couvrir les frais de gestion de l'appartement ». D'où provient tout cet argent ? « Elle m'avait expliqué qu'il s'agissait de fonds de famille », répond Carlo Pagani. Dans le courant de l'année 1991, ce curieux héritage, jusqu'alors réparti entre plusieurs banques suisses, avait été rassemblé à Lugano, pour lui être confié.

Avec les déclarations de Carlo Pagani, l'enquête progresse encore d'un pas. Il est désormais acquis que la propriétaire de l'appartement de la rue de Lille est bien Christine Deviers-Joncour et que la thèse du généreux financier italien désireux d'investir dans la pierre n'était qu'une fable. Surtout, plusieurs pistes s'offrent alors aux juges, à partir du compte Credito Privato, pour découvrir la source de son approvisionnement. Il suffit désormais de remonter le cours des mouvements bancaires pour progresser de banque en banque, et démêler l'écheveau des comptes. Ce travail fastidieux sera celui du juge Perraudin. À Genève, le sang-froid, l'opiniâtreté et l'intransigeance courtoise de ce magistrat lui ont valu le surnom de « Pol Pot ». Mais ce petit homme modeste et patient, au front dégarni et à l'œil pétillant, est surtout réputé pour sa fine connaissance des milieux financiers helvétiques, et ce, bien au-delà des limites de son canton. Le développement des « affaires » aidant, il est aussi devenu l'un des juges suisses les plus expérimentés en matière d'entraide internationale. Les banquiers le respectent mais s'en méfient. Il est parfois allé jusqu'à ordonner la saisie conservatoire du compte d'une personnalité étrangère, fût-elle de tout premier plan, bloquant ainsi tous ses avoirs[1]. Aux protestations des avocats, il répond généralement qu'un juge ne doit pas se contenter « de mettre en évidence les infractions », mais qu'il doit aussi s'efforcer « d'en confisquer le produit ». La place financière genevoise grimace : ce type de discours n'est pas fait pour rassurer la clientèle.

En quelques semaines, le juge genevois reconstitue la galaxie des comptes dont Christine Deviers-Joncour était la détentrice. Un vaste labyrinthe bancaire où les millions se croisent en virevoltant, où les mouvements de fonds se succèdent à un rythme soutenu dans le but évident de brouiller les pistes. Ainsi, la « chargée de mission » très spéciale d'Elf-Aquitaine disposait non seulement d'un compte à la Banque populaire suisse (BPS) de Genève, sur lequel était versée la part occulte de ses salaires – 10 000 francs suisses par mois –, mais aussi d'un autre ouvert à Lausanne, à la Banque de dépôt et de gestion (BDG), sous le

1. Le 21 février 1997, le juge Perraudin avait ainsi ordonné la saisie du compte de la société Kourtas Investments, immatriculée dans les Îles Vierges britanniques, qui avait abrité certains transferts de fonds découverts dans le cours de l'affaire Elf. Dans une attestation écrite, le Président gabonais Omar Bongo avait revendiqué la paternité de ce compte, mais la Chambre d'accusation de Genève avait confirmé la décision du juge, considérant que le chef d'État du Gabon ne figurait pas sur les documents d'ouverture du compte.

nom de code « Oror ». Aucun de ces deux comptes, pourtant alimentés par de substantiels virements, n'a jamais fait l'objet d'aucun retrait – preuve que d'autres ressources étaient disponibles ailleurs. L'argent y était simplement placé en titres, pour produire des intérêts. Jusqu'à ce que Christine Deviers-Joncour décide de confier la gestion de l'ensemble de ses affaires à Carlo Pagani. Le 15 avril 1991, elle écrit à la BPS de Genève que « tous les relevés et correspondances » liés à son compte doivent lui être réexpédiés à Lugano, à l'adresse du Credito Privato. Le 14 juin suivant, elle adresse à la BDG de Lausanne une lettre dactylographiée, datée de Lugano, par laquelle elle ordonne le transfert des sommes entreposées à l'UBS de Lugano au profit du compte ouvert au nom du même Credito Privato – et, simultanément, « la clôture du compte Oror ».

Le compte de l'UBS devient alors une plaque tournante. Les fonds n'y entrent le plus souvent que pour en ressortir aussitôt. Un virement arrive, un autre repart. Mais les coffres restent bien garnis. Peu après son ouverture, quelques mois plus tôt, le compte Credito Privato a enregistré un premier crédit d'importance : le 15 mars 1991, 14 278 000 francs sont arrivés du Luxembourg, en provenance d'un compte du Crédit lyonnais. Sur l'avis de virement figurait cette seule mention : « Suivant instructions du 13 mars. » De qui émanaient ces instructions ? Les enquêteurs ne tardent pas à l'apprendre : c'est Elf-Aquitaine, une fois de plus, qui a versé la somme. Mais non plus via sa filiale genevoise Elf-International – celle que présidait Alfred Sirven. Cette fois, c'est une filiale financière du groupe pétrolier, Rivunion SA, qui a libéré les fonds à partir de son compte luxembourgeois. Malgré toute son influence, Alfred Sirven n'a pas pu prendre seul la décision. Questionné par les juges, l'état-major d'Elf se révèle pourtant incapable de préciser sous quel motif une pareille somme a pu être extraite des caisses de l'entreprise, puis versée sur le compte d'une société-écran. Si le virement vers Lugano a été déguisé en commission pétrolière, les archives d'Elf-Aquitaine ne semblent pas en avoir gardé trace. À Lugano, celles de la banque attestent en tout cas que les 14 millions ont été prélevés dès le 26 avril 1991, puis affectés à un autre compte au sein du même établissement : baptisé *Nitram*, ce compte-ci est ouvert au nom d'Aston SA, la société du Costa-Rica spécialement créée par Carlo Pagani pour sa cliente Christine Deviers-Joncour. À ce stade, l'influence de Gilbert Miara apparaît clairement dans le choix des mots-codes échangés avec le banquier : Nitram est l'anagramme de Martin; Aston, le nom de son chien; et l'Aston Martin est depuis toujours la voiture favorite de l'ancien marchand de biens.

Huit mois plus tard, la fameuse « avance » sur la commission des frégates entre à son tour dans le labyrinthe. Les 45 millions de francs – en réalité, 8 250 000 dollars – sont crédités le 1er février

1992 sur le compte genevois de Miara, à la banque Paribas. Leur provenance est identique : le Crédit lyonnais de Luxembourg, la filiale Rivunion – c'est-à-dire Elf. En deux virements, la compagnie pétrolière publique a donc versé 59 millions de francs à sa discrète conseillère en « relations publiques ». Le 5 février, ainsi que l'a indiqué Gilbert Miara, 31,7 millions ressortent de son compte pour être transférés à Lugano où ils atterrissent sur le compte Credito Privato. Le jour même, Christine Deviers-Joncour rédige à la main, sur papier blanc, un ordre de transfert laconique au profit du compte Nitram. C'est de là que seront extraits, quatre mois plus tard, les 17 millions destinés à l'achat de l'appartement de la rue de Lille.

La valse des millions reprend l'année suivante. Au printemps 1993, le compte Nitram est vidé des quelque 10,4 millions de francs qu'il contient, pour créditer un nouveau compte, toujours à l'UBS de Lugano : celui-ci est ouvert sous le code *Nersiv* – anagramme de Sirven –, mais Christine en est toujours l'« ayant-droit ». L'ordre de retrait est signé le 15 mars 1993, soit la veille des élections législatives en France, qui vont provoquer le retour de la droite, et la nomination sans surprise, par François Mitterrand, d'Édouard Balladur à Matignon. Bientôt, Roland Dumas quittera le gouvernement. À Paris, l'entourage de Loïk Le Floch-Prigent, Alfred Sirven en tête, cherche à se rapprocher des futurs gouvernants, dans le souci affiché de se maintenir à la tête de la compagnie pétrolière. À Lugano, le compte Nersiv est ouvert le 16 mars, jour du premier tour de scrutin. Les fonds, eux, ne tardent pas à s'envoler une nouvelle fois. Le 15 avril, 10 millions sont virés vers Genève au profit d'un énième compte ouvert comme celui de Gilbert Miara à la banque Paribas, et dénommé Sissi – « Mon héroïne quand j'étais petite », expliquera Christine Deviers-Joncour[1]. À compter de cette période, le code Nersiv est également apposé sur un autre compte à Lugano, dont elle est toujours la bénéficiaire, et dont les relevés mentionnent une impressionnante série de « retraits cash », à partir du mois de décembre 1993. Entre-temps, au cours de l'été, le balladurien Philippe Jaffré a succédé à Loïk Le Floch-Prigent à la présidence d'Elf. Sirven a promptement quitté la compagnie pour s'installer à Genève. Christine Deviers-Joncour a également démissionné. La carte de crédit qui lui était allouée par Elf-Aquitaine International (EAI) était valide jusqu'au mois d'avril 1994, mais elle a cessé de l'utiliser dès le mois d'août 1993. Signe que les temps ont changé…

Mais il restait des réserves. À Genève, le gros du trésor sera une nouvelle fois déplacé, cette fois vers la Discount Bank. À Lugano, sur les deux comptes Nersiv, plusieurs dizaines de retraits d'espèces seront effectués en quatre ans, dont les

1. Interrogatoire de Christine Deviers-Joncour, 24 mars 1998.

montants s'échelonnent entre 100 000 et 2 millions de francs. Le dernier retrait date du 9 septembre 1997, soit deux mois avant l'arrestation de Christine Deviers-Joncour : il se monte à 151 400 francs suisses (plus de 600 000 francs français). Le total des prélèvements en argent liquide avoisinera 10 millions de francs, 10 millions dont la trace se perd. Pour sa cliente parisienne – comme sans doute pour beaucoup d'autres –, le précieux Carlo Pagani avait recours aux services de « passeurs » professionnels qui, par le jeu de compensations entre banques, dégageaient en toute simplicité les sommes nécessaires de l'autre côté de la frontière. Rendez-vous était ensuite pris, à Paris, pour procéder à la remise des fonds. La méthode était bien rodée : afin d'écarter tout risque de confusion, un mot de passe était convenu à l'avance, que Christine devait souffler au porteur de l'enveloppe – « Merci pour les fleurs… »

« Je n'ai jamais transporté moi-même des francs suisses vers la France, assurera-t-elle. C'est très dangereux. On ne le fait pas[1]. » Une consigne de prudence qui sonne comme un aveu. Elle était consciente du danger, bien sûr, et vivait dans la crainte. Pour Christine Deviers-Joncour, la vie de château avait une face cachée : cette forme de clandestinité nécessaire qui est l'envers des

1. Interrogatoire de Christine Deviers-Joncour, 11 février 1998.

fortunes indues. Légitime ou non, la compagne d'un ministre peut aimer le luxe, afficher ses faveurs, dépenser sans compter ; mais elle ne doit pas s'exposer à un contrôle douanier. Telle pourrait être, résumée à gros traits, la morale de ce douteux conte de fées. À quelques heures de Paris, entre Genève et Lugano, les millions dansaient comme par enchantement, mais le sortilège avait ses règles : les transgresser, c'était risquer de tout perdre. Et revenir brutalement à la réalité.

« Je suis effaré de ce que j'apprends. Je ne savais rien de tout cela. »

Au fil des révélations judiciaires, Roland Dumas prend une mine de victime abusée. Plus mélancolique qu'emporté, il ne sait comment dire qu'il n'a jamais posé de questions à cette femme qui lui était pourtant si proche. Passer pour une dupe ne semble pas le gêner outre mesure. Mais plaider l'ignorance, c'est aussi, d'une certaine manière, revendiquer un droit à l'insouciance, et il sait la chose difficilement admissible lorsque de telles sommes sont en jeu, qu'il s'agit d'argent public – celui d'une entreprise nationale – et que l'époque est à la moralisation. Le ministre des Affaires étrangères a-t-il le droit de ne pas savoir que sa compagne cache un trésor en Suisse ? Pis encore : le président du Conseil constitutionnel peut-il faire admettre à l'opinion qu'il n'éprouve pas au moins quelques remords pour un tel aveuglement ? Le délit d'intimité, bien sûr, n'existe pas.

Mais l'invocation par Miara du marché des frégates de Taiwan jette un premier pont – certes étroit – entre ses anciennes fonctions ministérielles et l'argent de Christine. Quant à la mise au jour du magot helvétique, elle renvoie à d'anciens soupçons.

« La Suisse vous aime et vous le lui rendez bien », avait un jour lancé Adolf Ogi, le président de la Confédération helvétique, à François Mitterrand, sans prendre garde à l'ironie involontaire du compliment. Parce qu'il avait été, en 1983, le premier chef d'État français depuis Armand Fallières, en 1910, à effectuer une visite officielle en Suisse, l'ancien Président avait toujours bénéficié dans ce pays d'égards particuliers. Il s'y rendait fréquemment, aussi, à titre privé, laissant courir sur son compte d'insistantes rumeurs, qu'il s'amusait parfois à relayer lui-même, sur le ton de la plaisanterie : « Quand je quitterai l'Élysée, je n'aurai rien de plus que lorsque j'y suis entré, disait-il, goguenard, à son confident des derniers jours, Franz-Olivier Giesbert. On pourra le constater, puisque je publierai l'état de mon patrimoine. Naturellement, ce qui ne sera pas publié, c'est la masse des comptes qu'on me prête en Suisse[1]... »

Depuis l'affaire Pelat, il savait à l'évidence que les doutes avaient pris corps. Au mois de novembre 1988, son plus vieil ami, Roger-Patrice Pelat, qui était aussi le plus proche, avait acheté

1. Franz-Olivier Giesbert, *Le Vieil Homme et la Mort*, Gallimard, 1996, p. 38.

un paquet d'actions d'une société américaine, parce qu'il savait qu'elle allait être rachetée par le groupe nationalisé français Pechiney. Glané dans les allées du pouvoir, où il circulait sans vergogne à bord d'une Rolls-Royce dorée, ce « tuyau » faisait de lui un « initié » aux yeux de la justice : il lui avait permis de réaliser un joli coup boursier. Après l'annonce du rachat par Pechiney, les titres américains avaient été revendus avec une plus-value d'au moins 11 millions de francs. L'énigme venait du fait que l'industriel ami du Président avait acheté le plus gros des actions litigieuses via une filière suisse à l'opacité étudiée : une fiduciaire à Zurich, une société-écran au Liechtenstein, une autre au Panama, baptisée Elco[1]... Ces aiguillages successifs cachaient-ils une répartition des profits avec d'autres bénéficiaires que le seul Pelat ? Beaucoup l'ont pensé, mais nul ne l'a jamais démontré. Le 7 mars 1989, Roger-Patrice Pelat est mort d'un arrêt cardiaque à l'hôpital américain de Neuilly où il avait été admis alors que le scandale faisait déjà la « une » de tous les journaux. Son décès coupa court à toute recherche sur ce point. Tout au plus le juge d'instruction d'alors, Édith Boizette, finit-elle par obtenir de la justice suisse, deux ans plus tard, les preuves de l'implication de Pelat dans la filière

1. Cette affaire a été relatée avec précision par les journalistes Gilles Sengès et François Labrouillère dans *Le Piège de Wall Street*, Albin Michel, 1989.

zurichoise. Le reste n'a jamais été élucidé. Lors du procès des « initiés » de l'affaire Pechiney, en 1993, un avocat affirmera que le nom de la société panaméenne Elco était tout bonnement la contraction d'« Élysée & Co ». La même année, l'enquête d'un autre juge d'instruction, Thierry Jean-Pierre, dévoilera certains liens financiers – certes ténus – entre Pelat et Anne Pingeot, la mère de Mazarine... Mais l'existence de la fille naturelle du Président était encore largement secrète : le détail était passé relativement inaperçu[1].

De son ami, rencontré en 1940 en Allemagne dans un camp de prisonniers, François Mitterrand avait publiquement vanté la « force d'âme », pour justifier le lien qui, depuis lors, les avait toujours unis. « Il était très pauvre, avait-il ajouté. Et puis il est devenu riche. Non pas comme homme d'affaires, mais comme industriel. C'est un homme qui a quand même des qualités tout à fait remarquables... Il est devenu riche. Fallait-il que je me brouille avec lui parce que, de pauvre, il était devenu riche ? Non. Au cours de ces longues années, jamais aucun événement ne s'est produit qui m'aurait permis de douter[2]. » Sept ans plus tard, le vieux président

1. Dans son ordonnance de « soit-communiqué » datée du 17 décembre 1993, le magistrat évoquait notamment l'achat d'une maison à Gordes, dans le Luberon, au profit d'une SCI dont Anne Pingeot était la gérante. Ce document avait été publié par *Le Point*.

2. « Sept sur sept », TF1, 12 février 1989.

tenait, non sans cynisme, un langage sensiblement différent : « C'était quelqu'un qui n'acceptait pas les règles de la société. Un réfractaire, en fait. S'il avait une chance de se faire de l'argent avec un bon tuyau, il n'allait pas hésiter. Je l'ai toujours su. C'est pourquoi, malgré toute mon affection, je n'ai jamais été dîner à son domicile[1]. »

La mort de Roger-Patrice Pelat avait, dans l'intervalle, laissé le champ libre à d'autres histoires, murmurées dans les antichambres du pouvoir et qui ramènent à la Suisse – et à Roland Dumas. Il y était question d'un mystérieux financier genevois au passé incertain et au patrimoine important, Jean-Pierre François, que l'amitié du ministre des Affaires étrangères aurait introduit dans le sérail mitterrandien, où il aurait fait profiter le Président – mais pas seulement lui – de ses avis d'expert. Rarement personnage si méconnu aura autant captivé l'attention des hommes de renseignement de tout poil, agents des services dits « officiels » ou mercenaires de l'espionnage, appointés par des officines faisant commerce d'informations sulfureuses. La somme de toutes les « notes » plus ou moins fiables, rédigées par ces professionnels de l'indiscrétion, ne suffirait pourtant pas à brosser un portrait exhaustif de cet homme, tant il s'est toujours efforcé de brouiller les pistes, au risque d'alimenter, voire d'accréditer

1. Franz-Olivier Giesbert, *Le Vieil Homme et la Mort*, *op. cit.*, p. 40.

lui-même les fantasmes. Sa biographie ménage quelques – rares – certitudes : l'homme est né en Autriche, a dirigé la Banque romande, à Genève, de 1958 à 1972, s'est reconverti par la suite dans l'immobilier et la finance, est marié à une Iranienne. Il est aussi, effectivement, l'un des plus chers amis de Roland Dumas.

Dans ses mémoires à ellipses, ce dernier n'évoque pourtant que brièvement leur rencontre sur les bancs du lycée de Limoges, leurs études communes à la faculté de Lyon, sous l'Occu-pation, et leurs premières actions de résistants en herbe. « Mes parents, écrit-il, étaient rassurés par la présence à mes côtés d'un garçon du même âge que moi, mais à l'expérience accomplie, averti des dangers du temps : Jean-Pierre François. Ayant vécu en Autriche, il avait connu l'Anschluss, vu l'arrivée des nazis dans Vienne, souffert de leur comportement avant de regagner la France[1]. » Il rappelle aussi le conseil alors glissé par son ami, un jour que son enthousiasme patriotique devenait trop voyant : « Ne parle jamais. Ne te confie jamais[2]. » De ces temps périlleux mais exaltants, les deux hommes ont conservé, un demi-siècle plus tard, la même photo souvenir qui montre deux jeunes garçons hilares, en pyjama, couchés sur les lits jumeaux d'une chambre mansardée. L'exemplaire de Jean-Pierre François se trouve toujours dans un tiroir de

1. Roland Dumas, *Le Fil et la Pelote*, *op. cit.*, p. 39.
2. *Ibid.*, p. 41.

sa chambre. En ce temps-là, les deux hommes procuraient de faux papiers d'identité à des Juifs et les aidaient à quitter la France pour se réfugier en Suisse. « La frontière, se souvient-il, n'avait plus de secret pour nous. »

Au lendemain de la guerre, c'est de l'autre côté de cette frontière, à Genève, que s'est installé Jean-Pierre François. Comme son ancien camarade de Limoges, il y a fait fortune et n'est pas peu fier de sa collection de toiles de maîtres, mais il est toujours resté discret, aussi réservé que Dumas était flamboyant. Anonyme comme un compte numéroté. Jamais ils ne se sont perdus de vue. Après l'accession de François Mitterrand à l'Élysée, en 1981, l'homme d'affaires est devenu l'une des cibles privilégiées de la presse d'extrême droite que sa crainte obsessionnelle de la publicité semblait stimuler. Maladroitement, il avait ainsi tenté, en 1984, de faire interdire par avance un numéro spécial du *Crapouillot* sur François Mitterrand, qui s'apprêtait à lui consacrer un long article. Ministre depuis peu, Roland Dumas avait délégué à ses côtés son fidèle collaborateur, l'avocat Christian Charrière-Bournazel. Le tribunal rejeta sa demande, mais le journal choisit de ne mentionner que les initiales du « mystérieux financier suisse », et de dissimuler, sur une photographie, son visage sous un bandeau noir. Douze ans plus tard, informé par des proches qu'un journaliste posait des questions sur lui pour les besoins d'un livre, Jean-Pierre François adressera à tous les grands éditeurs parisiens une lettre de mise en garde, pour les dissuader de retenir un tel projet[1]. Qu'avait-il donc à cacher ? Rien ou presque, dit ce petit homme mince et sans chaleur mais respirant la malice, qui reçoit dans un bureau au confort minimal, dans un immeuble du vieux Genève, à quelques pas du Palais de justice. Un immeuble dont la rumeur prétend depuis deux décennies qu'il appartient à François Mitterrand...

« Vous savez, les ragots... », répond-il en feignant l'indifférence. Mais rien de ce qui se chuchote sur lui ne lui est inconnu : banquier secret de l'ancien président, pourvoyeur de commissions sur des marchés étrangers, prête-nom dans des affaires immobilières, et même acteur déterminant – entre autres – du tournant de 1983, lorsque les socialistes français avaient opté pour la « rigueur ». « Je ne suis rien de tout cela, assure-t-il. J'avais avec François Mitterrand la relation

1. Le journaliste en question est Bernard Violet, dont Jean-Pierre François a finalement accepté d'aider les recherches. Après un premier entretien – en présence de Roland Dumas –, l'ancien banquier dit lui avoir « facilité les choses » en lui révélant de multiples détails inconnus sur son existence, au point de parler de « biographie autorisée » à propos de ce livre qui devait être publié aux éditions Albin Michel à l'automne 1998. Lorsque nous l'avons rencontré, le 22 juillet 1998 à Genève, M. François a refusé de répondre à plusieurs questions précises portant sur son passé et ses relations avec François Mitterrand en se retranchant derrière l'enquête de Bernard Violet : « Un peu de patience, tout sera expliqué dans le livre... »

normale d'un citoyen avec son Président, lorsqu'il l'a connu avant son élection. » Lui, en tout cas, ne l'avait pas rencontré dans un stalag. Et, à coup sûr, le Président ne l'a jamais connu pauvre. Pour l'ex-banquier comme pour quelques autres, François Mitterrand avait su pourtant s'accommoder de sa méfiance tant de fois proclamée pour « l'argent roi », « l'argent qui pourrit jusqu'à la conscience des hommes ». Sans doute la recommandation de l'« ami Roland » y avait-elle eu sa part. De tous les hommes riches qui ont côtoyé François Mitterrand, Jean-Pierre François demeure néanmoins le plus secret. À l'inverse d'un François Dalle, d'un Jean Riboud ou d'un André Rousselet, on ne connaît guère son visage, l'étendue de ses ressources, pas même la vraie nature de ses activités. « Il vit de ses rentes », assure Roland Dumas. Lui dit avoir souvent affronté le « mur de l'argent », mais aussi la « mafia », et avoir été l'objet d'une tentative d'assassinat. Il revendique cinq résidences, dont sa somptueuse demeure dans le quartier résidentiel de Genève, un hôtel particulier à Paris et une villa à Washington ; assure avoir été le « mandataire » de grandes entreprises industrielles françaises et du Commissariat à l'énergie atomique (CEA) dans de délicates négociations internationales. Une appellation élégante pour ce métier d'« intermédiaire » que François Mitterrand avait dénoncé en ces termes lors de son plaidoyer pour Pelat : « Ce n'est pas concevable, cet argent qui coule à flots. Imaginez quelqu'un qui se place en intermédiaire dans des achats ou des ventes et qui, au passage, ramasse des milliards de centimes. C'est vraiment insupportable de penser cela[1]... »

Pour compléter ce profil original, Jean-Pierre François reconnaît avoir occupé, de 1973 à 1977, l'intrigante fonction de consul général de Panama à Genève. S'il assure n'avoir jamais mêlé cette « activité de représentation » avec ses propres affaires, c'est sans pour autant se remémorer aucune divergence de fond avec le régime dictatorial de ce micro-État, mère patrie des sociétés écrans : « Un régime d'ordre, dit-il simplement, comme les pays du Sud en ont souvent besoin. » Il dément, en revanche, le rôle qui lui a souvent été prêté dans le rapprochement politique entre la France et l'Iran – même s'il a lui-même évoqué ses « missions officieuses » avec Roland Dumas dans ce pays[2]. Il conteste enfin avoir jamais rencontré François Mitterrand à Genève, hormis lors de sa première visite officielle, en 1983, tout en admettant s'être rendu « plusieurs fois » à l'Élysée sous sa présidence. Avec Roland Dumas, bien sûr, c'est autre chose. Comme avocat ou comme ministre, il a toujours fréquenté Genève avec assiduité. Et, de son temps, l'ex-banquier a toujours eu ses entrées au Quai d'Orsay. Au fil des ans, leurs rendez-vous

1. « Sept sur sept », TF1, 12 février 1989.
2. Notamment devant le correspondant du *Monde* à Genève, Jean-Claude Buhrer, en 1995.

se sont multipliés, quoique l'homme d'affaires en minimise le nombre. En 1992, on a ainsi vu le ministre décoller de Périgueux à bord d'un avion du GLAM pour aller déjeuner à Genève avec son vieux compère[1]...

C'est à cet homme, qui entretient comme à plaisir son propre mystère et ne se cache pas « d'aimer Genève pour sa discrétion », qu'un jour de 1985, Pierre Bérégovoy, alors ministre des Finances, avait remis les insignes de chevalier de la Légion d'honneur, au titre des « services rendus à l'économie française » – sans plus de précision. À un témoin de la cérémonie, le futur Premier ministre, qui n'avait jamais su comment se faire vraiment admettre dans le cercle des familiers du Président, avait confié cette nuance capitale : « M. François a fait beaucoup pour les socialistes. Et c'est un ami du Président. » Témoignage de cette déférence, la remise de la décoration s'était tenue sur son terrain, c'est-à-dire à Genève, dans les salons de l'ambassade de France dont il est un familier. Car l'obscur M. François est aussi l'inamovible délégué pour les Français de l'étranger à Genève, une colonie de quelque quatre-vingt mille personnes à l'intention desquelles il édite le *Journal français*, trimestriel dont il est le propriétaire et l'éditorialiste attitré. Ce journal pour lequel Christine Deviers-Joncour lui avait offert ses services, au mois de septembre

1. Les agendas de Roland Dumas, saisis par la police, en témoignent : c'était le 28 mars 1992.

1994, à l'occasion d'une visite de Roland Dumas à son ami genevois. Elle avait quitté Elf depuis un an, travaillait déjà pour l'association Operalia, était appointée par le cabinet d'avocats de la rue de Bièvre – et dormait toujours sur son trésor. Elle avait néanmoins proposé à l'ancien banquier « de démarcher de la publicité à Paris » pour son journal, se souvient-il, ajoutant sans regret qu'il n'avait « pas été intéressé par sa proposition[1] ».

Le 1er juin 1998, c'est dans le même *Journal français* que Jean-Pierre François dénoncera, après la mise en cause publique de Roland Dumas, « les propagandistes de scandales faux ou vrais », ces journalistes protégés par « la sacro-sainte liberté d'expression », dont les excès appelleraient « une législation répressive ». « Seule la qualité d'homme public des cibles justifierait à la rigueur, encore dans des limites rigoureuses, l'invocation d'un droit à l'information, poursuivait-il sans jamais citer le cas du président du Conseil constitutionnel. Jeter des noms et des vies en pâture à la curiosité de lecteurs en mal de sensations fortes est manifestement abusif et condamnable, surtout lorsqu'il s'agit, la plupart du temps, d'hypothèses non vérifiées, étalées sans preuves sérieuses… »

On le parierait : cet homme d'argent plus que de presse avait dû pester à la lecture de la presse helvétique, le jour de l'arrivée de François Mitterrand et de Roland Dumas dans son pays

1. Entretien avec l'auteur, 22 juillet 1998.

d'adoption, le 7 juin 1991. Plusieurs journaux suisses s'étaient ironiquement interrogés sur les véritables causes de ce déplacement, officiellement consacré à un bref entretien, à Lugano, avec le président de la Confédération d'alors, Flavio Cotti, mais doublé d'une escapade privée : l'après-midi avait été réservé à la découverte des chefs-d'œuvre de la collection privée du baron Thyssen, exposés dans une résidence dont le nom avait dû faire sourire les deux dignitaires français : *villa Favorita*. Lugano : la ville choisie par Christine Deviers-Joncour pour y entasser ses millions. Le hasard ménage de cruelles coïncidences : sept jours après la visite contestée du président français et de son ministre, le 14 juin 1991, Christine écrivait à sa banque de Lausanne pour y demander le transfert des sommes entreposées sur le fameux compte Oror.

« Quelle est la signification du code Oror ? lui demandera, plus tard, Eva Joly.

« – C'est Sirven qui avait choisi cet intitulé, car c'est Ro-Ro à l'envers, répondra-t-elle.

« – Pourquoi Ro-Ro ?

« – Je ne sais pas[1]. »

Depuis son incarcération, Christine a beaucoup maigri. Les seules visites qu'elle reçoit sont celles de son fils cadet : une demi-heure, trois fois par semaine. Le reste du temps, elle travaille, avec

1. Interrogatoire de Christine Deviers-Joncour, 24 mars 1998.

d'autres prisonnières, à la bibliothèque de la prison de Fleury-Mérogis. Peu à peu, ses espoirs s'amenuisent. Durant chacun de ses interrogatoires successifs, elle a cherché de nouveaux mensonges pour dissimuler ce que les juges, en fait, savaient déjà. L'appartement, la tapisserie, la carte de crédit, les comptes suisses : l'essentiel est découvert. Mais ses relations avec Eva Joly n'ont cessé de se dégrader. La magistrate la traite avec sévérité et semble se livrer avec elle au jeu du chat et de la souris. D'évidence, elle attend l'instant où sa prisonnière lui citera le nom qu'elle attend – celui de Roland Dumas. Les aveux de Gilbert Miara ont ouvert la voie. Ils ont aussi conduit Christine à réorganiser sa défense. Le 28 novembre 1997, alors que Miara était encore en garde à vue, elle a désigné un nouvel avocat[1]. C'est avec ce dernier qu'elle a préparé son explication de la commission de 45 millions de francs et de son rôle dans la négociation des frégates de Taiwan. Le 12 décembre, elle livre au juge sa version de l'affaire.

Cette version, la voici telle qu'elle fut enregistrée sur procès-verbal – avec les quelques maladresses de langage que cela suppose[2] :

1. Il s'agit de l'avocat parisien Philippe Lemaire. Dans un premier temps, François Gibault restera associé à la défense de Christine Deviers-Joncour, avant de s'en déporter. Quelques semaines plus tard, un autre avocat, Pierre Haïk, sera désigné pour lui succéder.

2. Voir *Le Monde*, 25-26 janvier 1998.

« Six mois après mon arrivée chez Elf, soit au printemps 1990, Alfred Sirven m'a dit un jour qu'en dehors de mon activité relationnelle pour le compte d'Elf, il allait falloir que je l'aide dans le cadre de structures personnelles qu'il mettait en place dans la perspective d'exercer pour son compte des activités de consultant et de lobbying. Il m'a parlé de quelques projets, dont celui des frégates que Thomson devait vendre à Taiwan. Il pensait que pour ce dossier, je pouvais intervenir auprès de Roland Dumas, puisqu'on savait que le ministère des Affaires étrangères avait opposé son veto sur ce contrat. Très vite, Alfred Sirven a organisé un déjeuner avec des gens de chez Thomson [...] À la suite de ce déjeuner chez Thomson, M. Sirven m'a demandé d'aller voir Roland Dumas, déjà pour tâter le terrain, ce que j'ai fait.

« Avec Roland Dumas, les choses ont été assez claires : il m'a expliqué que le veto opposé à ce contrat par le ministère des Affaires étrangères résultait d'un accord pris avec la Chine du temps du général de Gaulle, aux termes duquel la France s'engageait à ne pas vendre d'armes à Taiwan. M. Dumas m'a ainsi indiqué que la Chine menaçait de geler ses relations diplomatiques pour le cas où le contrat Thomson serait signé. L'entretien s'est donc terminé assez froidement, Roland Dumas m'ayant indiqué qu'il n'était pas question de revenir sur cette position, et que je n'avais qu'à continuer à m'occuper de ce pour quoi j'étais payée : le relationnel entre Elf-Aquitaine et le ministère des Affaires étrangères.

« J'ai rapporté cet entretien à M. Sirven, qui était un homme très coléreux, et qui s'est emporté à cette occasion, me déclarant que j'étais nulle, n'ayant pas été capable d'amener Roland Dumas à modifier la position de son ministère. J'ai pris peur et, dans la mesure où j'avais besoin, pour moi-même et mes deux fils, des salaires que je percevais d'Elf, j'ai fait croire à M. Sirven que je continuais à intervenir en faveur du dossier Thomson auprès de Roland Dumas, pour avoir la paix.

« Ainsi, pendant quelques mois, soit pendant la deuxième moitié de l'année 1990, M. Sirven a maintenu sa pression à mon égard, et j'ai continué à faire croire que le dossier avançait. C'est à ce moment-là que, pour finir de m'appâter, Alfred Sirven m'a dit que, si cette affaire se faisait, c'est une commission de 45 millions de francs qui me reviendrait. L'affaire a fini par se faire. Il a été dit que c'était grâce à l'accord donné par François Mitterrand et Édith Cresson. C'est d'ailleurs ce que Roland Dumas m'a confirmé. Plus rien ne s'est passé jusqu'à la signature définitive de ce contrat. »

Résumons : dans le complot orchestré par Alfred Sirven, qui visait à extorquer près de 200 millions de francs au groupe Thomson, le rôle de Christine Deviers-Joncour n'est plus celui d'un agent de liaison, mais d'un agent d'influence. Ce rôle, elle insinue l'avoir joué contre son gré, sous la pression de son mentor d'Elf-Aquitaine à qui elle avait, de toute évidence, du mal à résister. Mais un homme aussi roué qu'Alfred Sirven avait-il pu être naïf au point d'imaginer qu'un Roland Dumas, après s'être dressé contre une décision du gouvernement Rocard pour obtenir le retrait de l'autorisation du marché des frégates, pourrait se laisser fléchir par une femme, fût-elle chère à son cœur ? La thèse paraît hardie. Mais peut-être le plus important, à ce stade, était-il de faire croire aux hommes de Thomson qu'un tel scénario était seulement plausible... Le 7 janvier 1998, lors d'un nouvel interrogatoire, Christine Deviers-Joncour assurera avoir été directement sollicitée par un responsable du groupe d'électronique au cours d'une seconde rencontre, à la suite du déjeuner initial organisé par Sirven. À l'en croire, ce dirigeant de Thomson lui avait soufflé qu'« il y aurait une grosse commission à toucher » si elle pouvait « faire quelque chose » pour le marché des frégates. « J'en ai averti M. Sirven, et celui-ci m'a dit de ne pas m'en occuper », devait-elle préciser. Avant d'ajouter : « Il est certain qu'en organisant la première rencontre, M. Sirven devait avoir une arrière-pensée[1]... »

Rien n'interdit donc d'envisager que certains membres de l'état-major de Thomson, obsédés par les enjeux de l'opération « Bravo », aient

1. Interrogatoire de Christine Deviers-Joncour, 7 janvier 1998.

accepté les yeux fermés l'offre du prétendu « réseau » vanté par Alfred Sirven, parce qu'ils pensaient en connaître la véritable animatrice et qu'ils pariaient sur son efficacité auprès de l'adversaire principal du contrat : le ministre des Affaires étrangères. Encore cette hypothèse laisse-t-elle sans réponse la question primordiale : pourquoi Christine Deviers-Joncour aurait-elle été payée si sa mission avait échoué ? La suite de son récit, ce 12 décembre, prétend l'expliquer : L'enchaînement des faits reprend au moment où Sirven apprend que Thomson s'oppose au paiement de la commission revendiquée et décide d'intenter un procès – celui qui se déroulera devant la Cour internationale d'arbitrage[1]. Elle raconte :

« Moi, je n'ai pas voulu car j'ai eu peur qu'à un moment où à un autre, ce procès puisse rejaillir sur Roland Dumas, qui n'était pour rien dans cette affaire. J'ai donc menacé Alfred Sirven d'aller voir les arbitres et de dire à ces derniers la vérité. [...] Ce procès ne devait pas avoir lieu, car je ne voulais en aucune manière que le ministre des Affaires étrangères soit inquiété, car il n'y était pour rien. C'est à ce moment qu'Alfred Sirven m'a donné une commission de 45 millions pour que je ne les embête plus. Cette commission m'est

1. Cf. chapitre précédent.

arrivée par Gilbert Miara. [Il] a gardé 13,5 millions, et il m'a viré 31,5 millions[1]. M. Sirven avait décidé de ce mécanisme. J'imagine qu'il y avait beaucoup d'argent à gagner, et que cela arrangeait M. Sirven que je reste dans mon coin, tranquille. »

Conformes ou non à la réalité, ces propos sont assurément destinés, dans l'esprit de Christine Deviers-Joncour, à écarter la responsabilité de Roland Dumas dans la manœuvre du vrai-faux « réseau Elf ». Mais par leur ambiguïté et les contradictions qu'ils recèlent, ils produisent sur les juges l'effet exactement inverse. Ainsi, pourquoi la protégée du ministre estimait-elle que celui-ci risquait d'être « inquiété » par la procédure d'arbitrage, alors même qu'elle le disait innocent de toute compromission ? En outre, sa version supposait, une fois encore, une grande candeur chez Alfred Sirven : sans quoi, comment l'homme fort d'Elf-Aquitaine aurait-il pu croire que Christine continuait à intervenir auprès de Roland Dumas après l'échec initial ? « En réalité, se sentira-t-elle obligée de préciser, si je n'ai plus parlé

1. Christine Deviers-Joncour et Gilbert Miara divergent ici sur les chiffres. Le 2 décembre, Miara avait déclaré avoir viré 32 millions de francs sur le compte de Christine à Lugano, et avoir conservé la différence – 13 millions – « à [sa] disposition et à celle de Christine » (cf. chapitre 3). En réalité, les documents bancaires saisis en Suisse indiquent que le compte de Lugano fut crédité d'un virement de 31 716 300 francs le 5 février 1992.

officiellement de cette affaire des frégates à Roland Dumas, je continuais à lui en parler à l'occasion de rencontres plus privées, ou aussi professionnelles, dans le cadre d'Elf. Ainsi, je pouvais glaner des renseignements que je répercutais à M. Sirven, lequel les répercutait lui-même sur Thomson[1]. » Enfin, nul ne saurait croire que la même femme, qui se disait effrayée par Sirven au point de lui taire son échec auprès du ministre, aurait pu ensuite exercer sur lui une pression telle qu'il lui versa sur-le-champ le quart d'une commission que lui-même n'était pas certain de recouvrer un jour... Quel indicible secret avait-elle tant besoin de dissimuler pour oser s'attaquer de front à l'homme qui la terrorisait ? À cette question, Christine apportera le 7 janvier une réponse édifiante de sincérité : « Ce qui ne devait absolument pas apparaître, c'était mes relations avec M. Dumas. Le fait que j'aie été vue en parallèle chez Thomson, chez Elf et au Quai d'Orsay était gênant... »

Fort embrouillée et largement invraisemblable, cette version des faits présente, pour Christine Deviers-Joncour, un double avantage. D'une part, elle contredit toute implication de Roland Dumas dans le détournement d'une commission sur le marché des frégates, puisque son intervention auprès de lui aurait été infructueuse. D'autre part,

1. Interrogatoire de Christine Deviers-Joncour, 7 janvier 1998.

elle revient à présenter la somme versée en Suisse non plus comme une commission – voire un pot-de-vin –, mais comme le fruit d'un chantage exercé sur Alfred Sirven. Or le chantage est un délit et, comme tous les délits, il se trouve prescrit au bout de trois ans. Pour avoir exigé – et obtenu – 45 millions de francs en 1992, Christine ne pourrait donc plus encourir la moindre poursuite... Mais cette tactique subtile se heurte toutefois à une contradiction majeure : un an avant de recevoir, via le compte de Gilbert Miara, le virement des 45 millions, la compagne parisienne de Roland Dumas avait déjà perçu – on l'a vu – 14 premiers millions, directement versés par Elf sur son compte à Lugano, le 15 mars 1991. Quelle pouvait en être la justification ? À cette date, la négociation sur les frégates de Taiwan semblait en panne. *A fortiori*, il n'était pas encore question d'un arbitrage entre Thomson et le « réseau » d'Alfred Sirven ; encore moins d'une quelconque menace brandie par Christine Deviers-Joncour. Mais l'argent, lui, était bel et bien arrivé.

À cette énigme, Christine avance une réponse moins crédible encore que les précédentes : c'est Sirven, explique-t-elle maintenant, qui lui aurait versé la somme pour qu'elle achète pour lui l'appartement de la rue de Lille. « Dans la mesure où il était aux affaires, dit-elle, il ne voulait et ne pouvait apparaître directement. » Ainsi faut-il comprendre, au terme de ce nouveau revirement, que ce sont ces 14 millions qui auraient servi à l'acquisition de l'appartement, et non une part des 45 millions. Qu'importe si les documents bancaires retrouvés à Lugano certifient le contraire ! L'essentiel, pour Christine, est de se défausser sur Sirven. Et, ce 12 décembre, elle ne s'en prive pas. Grand manipulateur, esprit machiavélique et homme sans scrupules, l'ancien directeur d'Elf aurait aussi été, à l'en croire, le principal bénéficiaire de toute l'opération. Au mois de juillet précédent, assure-t-elle, Miara et elle auraient retiré la totalité des sommes en leur possession afin de les lui céder. L'argent avait entre-temps été de nouveau transféré, cette fois de Lugano vers Genève, pour être entreposé à la Discount Bank où Christine et Miara avaient chacun ouvert un compte. Sous la « menace » de l'ancien directeur d'Elf, poursuit-elle, le couple se serait rendu au guichet de la banque, aurait retiré la somme en espèces – 22,5 millions de francs ! –, avant de la remettre, dans des petits sacs, à un émissaire de Sirven dans le hall de l'hôtel du Rhône. Un homme qu'ils décrivent tous deux comme « un type insignifiant, pas très grand, un peu bedonnant et chauve[1] », mais avec lequel un mot de passe avait, cette fois encore, été convenu : « Aujourd'hui, la montagne est belle. » De sorte que les millions ont disparu corps et bien. Et que seul Alfred Sirven pourrait en révéler la destination

1. Confrontation entre Christine Deviers-Joncour et Gilbert Miara, 8 janvier 1998.

finale. Or, en fuite depuis des mois, il n'est plus là pour révéler quoi que ce soit, ni surtout pour répondre à ses accusateurs.

Dans le cabinet d'un juge, les absents ont toujours tort.

CHAPITRE CINQUIÈME

Le secret d'État

Contre-attaquer, mais comment ? Cette question, Roland Dumas se la pose depuis des semaines. Depuis l'évocation – devant les juges, puis dans les journaux – de l'intervention de Christine dans le dossier des frégates, il a dû abandonner tout espoir de voir l'affaire se tasser d'elle-même. Il est loin, le temps où un homme politique pouvait compter sur ses amis au pouvoir pour faire dévier une enquête, ralentir une procédure, modérer les ardeurs d'un juge trop entreprenant. Une décennie de scandales politico-financiers est passée par là, avec son lot de tentatives d'enterrement et d'amnisties maladroites qui n'ont réussi qu'à désespérer l'opinion et à ulcérer les magistrats. Aujourd'hui, tout nouveau ministre de la Justice qui s'installe à la Chancellerie commence par proclamer son intention de ne « jamais intervenir » dans le cours d'une instruction. Tout en sachant qu'il en sera soupçonné à chaque instant. Première femme à occuper ce fauteuil, Élisabeth

Guigou ne manque pas une occasion d'afficher son intransigeance en la matière. Elle a toujours manifesté de la sympathie pour Roland Dumas, lorsqu'elle travaillait à l'Élysée, puis lorsqu'elle est entrée dans la carrière ministérielle sous ses ordres, en devenant ministre délégué aux Affaires européennes alors qu'il régnait sur le Quai d'Orsay. Mais elle a d'autres ambitions. Elle ne prendra pas le risque de renier ses engagements publics pour aider un ami. Au moins par prudence, sinon par éthique personnelle. Aux membres de son cabinet, elle a donné pour consigne d'ignorer les demandes d'intervention qui leur sont présentées. Eux-mêmes jurent qu'elle ne leur en parle jamais. Faire appel à elle ne servirait donc à rien. Quant au Premier ministre, Lionel Jospin, il s'est trop soucié de prendre ses distances avec le mitterrandisme pour risquer de tendre la main à l'un de ses héritiers, surtout si celui-ci est menacé de sombrer. D'autant que les deux hommes ne s'aiment guère. Pour Jospin, le président du Conseil constitutionnel incarne la survivance d'une génération de politiciens de gauche dont la présence l'encombre – comme un mauvais souvenir à chasser au plus vite. Aux yeux de Dumas, l'ancien premier secrétaire du PS passe pour un apparatchik rigide et dénué de fantaisie. Comme tous les fidèles de François Mitterrand, il ne lui pardonne pas sa fameuse phrase sur le « devoir d'inventaire ». « Il est certain, disent ses amis, que Lionel ne se mouillera pas pour lui. »

Seul Michel Charasse est décidé à se battre à ses côtés. Grognard de l'ancien Président, membre du conseil d'administration de l'Institut François-Mitterrand, que préside Dumas, le sénateur du Puy-de-Dôme mène depuis des mois une campagne contre les « excès de pouvoir » de la magistrature. Il a lui-même bataillé pendant plusieurs mois contre Laurence Vichnievsky, qui prétendait l'interroger à titre de témoin, en tant qu'ancien ministre du Budget, pour les besoins d'une enquête sur le financement du parti communiste[1]. Il se veut aussi le défenseur le plus acharné du bilan mitterrandien. Le 5 décembre 1997, c'est en grande partie sur ses conseils que Roland Dumas a écrit au procureur de Paris, pour « provoquer la saisine de la Cour de justice de la République » – ce qui revient à demander le dessaisissement des deux juges d'instruction. Devant cette instance, seule compétente pour juger un ministre mis en cause dans l'exercice de ses fonctions, Roland Dumas affirme qu'il n'éprouvera « aucune difficulté à justifier [son] action, à l'époque où [il était] ministre des Affaires étrangères ». Suit un avertissement explicite aux deux magistrates : « Je ne

1. Michel Charasse a refusé de déférer à cette convocation, estimant qu'elle portait atteinte au principe de la séparation des pouvoirs. Saisi par la juge, le bureau du Sénat a refusé de lever son immunité parlementaire, interdisant ainsi une comparution forcée. Au mois de septembre 1997, Laurence Vichnievsky lui a infligé une amende de 10000 francs, pour avoir refusé de témoigner.

tolère pas que, pour des motifs obscurs et en violation de la loi, on cherche à nuire à ma personne, à mon action passée et à la fonction que j'ai l'honneur d'exercer. » Peu lui importe que la requête soit irrecevable en droit. L'objectif est d'abord de prévenir les juges qu'il ne les laissera pas impunément franchir la ligne constitutionnelle qui sépare la curiosité judiciaire de l'action gouvernementale. En clair : si ces dames s'approchent de trop près des dessous de la vente des frégates de Taiwan, elles devront abandonner leur enquête. De gré ou de force.

C'est aussi la réaction d'orgueil d'un politique. Aussi est-ce en politique qu'il confie à la veille de Noël : « Le coup a réussi. Plus personne ne parle de l'affaire[1]. » Il ne se berce pourtant pas d'illusions. Régulièrement informé, par des circuits discrets, de l'évolution du dossier judiciaire, il n'a pas tardé à découvrir la teneur de l'interrogatoire de Christine Deviers-Joncour, le 12 décembre. Et il se doute bien que son nom y a été prononcé trop souvent pour qu'Eva Joly s'en tienne là. Le 18 décembre 1997, il préside la dernière séance du Conseil constitutionnel avant les fêtes de Noël. L'ordre du jour est consacré à l'examen de la loi de financement de la Sécurité sociale pour 1998. Il s'efforce de ne rien laisser paraître, mais les huit autres membres du Conseil lui trouvent l'air absent, la mine grise. Il apparaît désormais comme ces hommes âgés

1. Entretien avec l'auteur, 23 décembre 1997.

qu'une mauvaise nuit suffit à accabler. À la fin de la séance, il fait sortir les fonctionnaires qui assistent aux travaux de la haute juridiction, pour s'adresser à ses collègues. « Visiblement ému », selon l'un des témoins de la scène, il évoque alors, d'une voix chancelante, les « rumeurs » qui le poursuivent, et affirme qu'il ne peut y répondre publiquement pour des « raisons personnelles » Mais il certifie « sur l'honneur » qu'il est innocent des fautes dont on l'accuse. Et qu'il peut le prouver. « Vous n'aurez pas de mauvaise surprise », conclut-il.

Dans Paris, les amis qui lui restent se chargent de compléter le message. « Roland » ne peut être impliqué en aucune manière dans cette rocambolesque affaire de commission sur le marché des frégates, répètent-ils, puisqu'il a d'emblée été hostile à la signature du contrat avec Taiwan, et qu'il n'a jamais changé d'avis. Pourquoi aurait-on versé, directement ou indirectement, au ministre des Affaires étrangères un pourcentage sur un marché qu'il s'est acharné à bloquer ? Les preuves de cette obstruction existent, certifient-ils. Ce sont les notes internes, les télégrammes confidentiels, les messages secrets échangés entre les plus hautes autorités de l'État français, voire parfois avec leurs homologues chinois, entre le mois de novembre 1989 et le mois de juillet 1991. C'est-à-dire entre la première tentative d'autorisation de l'opération « Bravo » et le feu vert accordé en définitive au contrat de cession des frégates, au terme d'un an et demi d'intenses tractations avec le gouvernement chinois. Mais ces documents, archivés au Quai d'Orsay, au ministère de la Défense et à l'Élysée, sont couverts par le « secret-défense » et le « secret diplomatique ». Pour brouiller les pistes, servir une thèse quelle qu'elle soit, accuser ou défendre Roland Dumas, on peut leur faire dire ce que l'on veut. Mieux vaut les laisser parler. Ils racontent l'histoire d'une négociation épineuse où se croisent, dans un ballet étrange, représentants attitrés et intermédiaires officieux : l'autre versant de l'affaire des frégates. La face cachée de l'énigme taiwanaise.

Novembre 1989. « Affaires étrangères : avis défavorable ». À la veille de la réunion de la très officielle Commission interministérielle d'étude pour l'exportation des matériels de guerre (CIEEMG), les instructions écrites du représentant du Quai d'Orsay sont claires. Redoutant la réaction de la Chine à une livraison d'équipements militaires au gouvernement taiwanais, les affaires étrangères s'opposent au cabinet du Premier ministre et à tous les autres ministères concernés : la Défense, les Finances, le Commerce extérieur. Depuis des mois, les diplomates français répètent que la réprobation mondiale contre les autorités de Pékin qu'a suscitée la répression sanglante de la place T'ien an Men, les 3 et 4 juin précédents, ne doit pas conduire à rompre les contacts avec la Chine populaire, encore moins à se jeter dans les bras du voisin nationaliste. Jusque-là, jamais la France n'a fourni à Taiwan le moindre équipement militaire. Vendre au régime de Taipeh six frégates ultra-modernes, dotées de système de détection aérienne et sous-marine, comme le souhaitent Thomson et la Direction des Constructions navales (DCN), apparaît, vu du Quai d'Orsay, comme un dangereux précédent. Si bien qu'au cours de la séance préparatoire de la commission, le 23 novembre, seule la confirmation d'un « accord au plus haut niveau » obtenu par le chef d'état-major particulier du président de la République, l'amiral Jacques Lanxade, parvient à infléchir la résistance du Quai d'Orsay. Le délégué de l'Élysée assure les participants à la réunion que le chef de l'État en personne a donné son aval. Prudent, le diplomate insiste cependant pour que son objection initiale figure au procès-verbal de la séance. « Cette précision me paraît nécessaire, écrit-il dans une note destinée au cabinet de Roland Dumas, car nous n'avons aucun autre moyen d'avoir une trace de l'accord de l'état-major particulier. En l'absence de cette mention, notre position apparaîtrait soit comme un refus (avec un arbitrage délicat à la clé), soit comme un avis favorable, ce qui n'a en rien été notre position jusqu'ici. Cette précaution me paraît utile pour l'avenir. »

Ainsi, c'est bien l'intervention de l'Élysée qui permet à la CIEEMG – présidée par un représentant de l'hôtel Matignon – d'autoriser une première fois la vente des frégates, le 23 décembre 1989. Sur le compte rendu de la réunion, les affaires étrangères ont maintenu leur désaccord.

Le document mentionne aussi la nature du matériel à exporter – « six bâtiments de 3 000 tonnes avec leur système de surveillance, sans armement » – et le montant du contrat, estimé à 11,45 milliards de francs. À l'approche des fêtes de fin d'année, les industriels de l'armement ont une raison supplémentaire d'être en liesse.

La crise se noue dès le 2 janvier 1990. Dans la soirée, l'ambassadeur de Chine à Paris, Zhu Jue, demande audience à Roland Dumas. Reçu immédiatement, il fait alors part au ministre des « inquiétudes » de Pékin après l'annonce du contrat de vente des frégates. « Il a demandé que ce contrat soit annulé, si possible, et a élevé une mise en garde, en indiquant que son gouvernement "n'avalerait pas ce fruit amer" », écrira le lendemain Roland Dumas, dans une lettre adressée à François Mitterrand et à Michel Rocard. Cette protestation sera vite entendue. Au matin du 6 janvier, le ministre des Affaires étrangères convoque l'ambassadeur de Chine pour lui signifier la décision « de ne pas donner suite au contrat avec Taiwan », prise la veille au soir par le Président. Dans un message « secret » destiné au chef de l'État et au Premier ministre, il rapporte le jour même la satisfaction de son interlocuteur chinois, lequel « a spontanément évoqué la préférence qui serait accordée à notre pays pour de très grands contrats, par exemple pour l'équipement de la Chine en centrales nucléaires ». « Je pense que nous ne devons pas trop nous faire d'illusions, ajoute Roland Dumas, sur l'effet immédiat de notre décision sur l'attitude des actuels dirigeants chinois, d'abord préoccupés de leurs problèmes internes, et plus aptes à l'immobilisme qu'au mouvement. Mais je pense que nous avons par là réussi à corriger une dérive très dangereuse de nos relations bilatérales avec ce très important pays. »

Sans doute le ministre n'est-il pas fâché d'avoir fait prévaloir son point de vue sur celui de Michel Rocard, ce Premier ministre mal aimé des mitterrandistes, qui moquent volontiers sa maladresse. Promu ministre d'État par le Président dès le début du second septennat, Roland Dumas estime pouvoir traiter seul des grandes affaires internationales avec l'hôte de l'Élysée. Chacune des notes qu'il adresse simultanément à l'Élysée et à Matignon ressemble à un cours de diplomatie qui serait dispensé au Premier ministre sous l'œil amusé du Président. Les militaires, eux, ne cachent pas leur fureur. Sans parler des promoteurs du contrat, qui soupçonnent déjà le Quai d'Orsay d'avoir joué double jeu pour empêcher l'entrée massive des entreprises françaises sur le riche marché taiwanais. « L'hostilité du Quai d'Orsay à une telle évolution a-t-elle amené ce dernier, comme on l'entendait dire ces jours-ci dans des milieux industriels français liés à ce contrat, à intervenir discrètement auprès des autorités pékinoises pour qu'elles tuent le contrat dans l'œuf ? » suggère alors un article de *Libération*[1].

1. *Libération*, 3 janvier 1990.

Dans les mois qui suivent, le Quai d'Orsay restera donc vigilant. Soucieux de conserver la maîtrise du dossier, Roland Dumas a exigé que des ordres écrits soient remis aux responsables du projet « Bravo ». La méfiance s'installe entre les ministères. Les Finances et la Défense continuent de pousser en faveur du contrat « Bravo ». Entreprise d'État dont l'activité principale est liée à la défense, le groupe Thomson a toujours eu des alliés, pour ne pas dire des agents, dans ces ministères. En outre, son P-DG, Alain Gomez, n'est-il pas lui-même originaire de l'Inspection des finances ? N'est-il pas aussi l'un des plus vieux amis du ministre de la Défense, Jean-Pierre Chevènement, avec qui il avait milité à la SFIO, dans les années soixante, puis fondé le Ceres[1] ? Cet ancien parachutiste qui adore les voitures de sport, longtemps classé parmi les « nationalistes de gauche », inspire aux vénérables directeurs du Quai d'Orsay la pire des critiques : il a gardé l'esprit commando. Au cours de l'été 1990, les diplomates découvrent que leurs doutes étaient fondés : le patron de Thomson a discrètement signé avec les autorités taiwanaises un protocole d'accord fixant le cadre de nouveaux pourparlers relatifs à la vente des frégates. Daté du 28 juin, le texte prévoit l'exportation des navires « par tranches de blocs préfabriqués en France » – autrement dit : en

1. Centre d'études, de recherches et d'éducation socialistes, qui devait devenir l'un des courants du PS.

pièces détachées – qui « devraient être assemblées dans un chantier naval taiwanais ». Mais on parle, cette fois, outre les six coques initialement envisagées, de « dix coques supplémentaires » qui pourraient être construites à Taipeh. Indigné par cette ruse, Roland Dumas écrit alors à Jean-Pierre Chevènement pour le réprimander sèchement :

« J'apprends que les industriels ont, en dépit de la décision prise par le Chef de l'État, repris leurs négociations avec Taiwan sur la vente de coques de frégates et l'assemblage sur place de dix coques supplémentaires. On me dit que ces négociations auraient été conduites avec l'aval du ministère de la Défense [...] Dans ces conditions, je refuse de me prononcer sur ce dossier, que je considère comme clos. J'ai fait valoir, auprès du président de la République et du Premier ministre, en temps opportun, tous les éléments qui motivaient ma position. »

Dans une note rédigée à l'intention du Président et de Michel Rocard, le ministre d'État rappelle peu après que « le commerce des armes [avec Taiwan] devrait, à [son] avis, être examiné avec une grande réserve, s'agissant d'un domaine sensible pour les autorités chinoises [...] Or, poursuit-il, je constate à nouveau que ce type de commerce paraît faire l'objet de l'essentiel de nos efforts de prospection. Ainsi en est-il de l'actuel projet de vente à Taiwan de six frégates, pour lequel seul mon département a fait connaître un avis défavorable [...] Je me permets de souligner le caractère particulièrement inopportun d'un projet de vente d'armes d'une telle ampleur et d'une telle visibilité. En effet, les ventes d'armes à Taiwan ont toujours été considérées par la Chine comme une remise en cause de sa souveraineté sur cette partie du territoire. »

Les « efforts de prospection » que déplore Roland Dumas, les hommes de Thomson les ont lancés tous azimuts depuis l'interdiction de l'opération « Bravo ». Passé un instant d'abattement, ils sont remontés à l'assaut. Dès le mois de février 1990, l'ancien député gaulliste Jean de Lipkowsky, qui fut conseiller diplomatique de Jacques Chirac, mais reste un ami personnel de François Mitterrand et d'Édith Cresson, s'est rendu à Taipeh où il a rencontré le ministre de la défense taiwanais. L'objectif de sa mission était de rassurer le « client » de Thomson sur l'issue des réflexions menées en France, et d'inciter les autorités de Taipeh à prendre patience afin d'éviter qu'elles ne se tournent vers un autre fournisseur. Au mois de juillet, le député socialiste Jean-Yves Le Drian, qui est aussi maire de Lorient où les frégates doivent être construites, s'est à son tour rendu sur l'île nationaliste, avec une délégation bretonne. Il a plaidé la cause des arsenaux français. Pour sa part, le ministre taiwanais des Affaires étrangères lui a fait miroiter, en sus du contrat espéré avec Thomson, un projet de TGV estimé à 60 milliards de francs, dont le chantier doit être attribué dans les mois suivants – « sur critères politiques », lui a-t-il dit. À son retour, Le Drian a transmis l'information au Quai d'Orsay, mais aussi à Matignon et à l'Élysée. Dans une note interne datée du 27 août 1990, le secrétaire général adjoint de la Présidence, Christian Sautter, en tire une « conclusion personnelle » : « Ces deux contrats représentent deux années entières d'augmentation de notre facture pétrolière. Je les préfère à un tour de vis aux salaires, et je ne vois aucune raison de ménager le gouvernement de Pékin, qui commande peu et paie mal. » Après lecture, François Mitterrand a inscrit, dans la marge, l'annotation suivante : « Avis de R. Dumas ». La note a ensuite été soumise au ministre, qui a répondu, lui aussi, dans la marge : « M. le Président, délicat mais intéressant ! »

Une clause de style, car le ministre fait toujours obstruction. Subit-il l'influence de ses services ? Certains le pensent. Chacun sait que sous les lambris du Quai d'Orsay, la diplomatie chinoise a toujours été considérée avec respect, pour ne pas dire avec dévotion. Roland Dumas lui-même ne dissimule pas une certaine fascination pour l'esprit chinois, fait de sagesse, de force et de raffinement. Dans les années cinquante, alors qu'il se passionnait pour le journalisme de grand reportage, il a suivi les cours de l'Institut des Langues orientales pour apprendre les bases du chinois. Le ministre – qui s'en souvient ? – a même publié, plus tard, un livre pour raconter sa découverte du pays, sous le titre *J'ai vu vivre la Chine*[1]. Mais depuis T'ien an Men, cette inclination est critiquée. Le 10 septembre

1. Fayard, 1960.

1990, le conseiller diplomatique du président, Loïk Hennekinne, fustige, dans une note au chef de l'État, « l'immobilisme intellectuel pro-Pékin » en cours au ministère des Affaires étrangères, pour préconiser à son tour la reprise des tractations sur la vente des frégates. « Je me résigne difficilement, conclut-il, à ce que la terre entière, y compris la Chine, commerce avec Taiwan, et que nous y soyons si chichement installés et traités. » Preuve qu'à l'Élysée, l'opération « Bravo » compte toujours des partisans.

Mais cette forme de lobbying politique, à Paris comme à Taipeh, ne suffit pas. À l'instar de toutes les grandes sociétés industrielles engagées sur de grands marchés d'équipement ou d'armement internationaux, Thomson a aussi fait appel aux services de spécialistes moins éminents, pudiquement désignés sous les vocables de « consultants externes ». Ainsi, c'est au cours de ce même été 1990, le 19 juillet, qu'est signé le fameux contrat prévoyant le « concours » de la société écran suisse Frontier AG Bern – celle qui masque Alfred Sirven, Christine Deviers-Joncour et leurs complices [1]. Mais ce n'est pas le seul. « Sur les opérations de ce type [...], Thomson s'assurait les services de consultants extérieurs », avait d'ailleurs reconnu le responsable des affaires internationales de Thomson, Jean-François Briand, lors du procès devant la Cour internationale d'arbitrage, ajoutant : « Il y a eu effectivement

1. Voir chapitre 3.

plusieurs experts tout au long de l'affaire[1].» Deux autres contrats ont en fait été signés.

Le premier remonte aux plus lointaines origines de l'opération « Bravo », au début de 1989. Il lie le groupe français à un intermédiaire américano-taiwanais, Andrew Wang, connu dans les milieux d'affaires asiatiques sous le surnom de « Dédé ». Disposant d'un entregent précieux sur l'ancienne île de Formose, il avait été recruté par les correspondants de la Direction des Constructions navales (DCN) et avait déjà prêté main forte aux Français sur des projets de ventes d'armes. Il est également connu – et apprécié – des services secrets français, qui ne possèdent pas d'antenne taiwanaise.

Le second contrat a été signé avec une femme d'affaires chinoise, Lily Liu, réputée pour son physique enjôleur et ses relations haut placées à Pékin. On la sait personnellement liée à l'ancien Président américain Jimmy Carter, mais aussi à plusieurs dignitaires du parti communiste chinois. Elle semble avoir ses entrées dans la Cité interdite. Recommandée aux dirigeants de Thomson par des réseaux américains, elle a été l'objet d'une « enquête de personnalité » avant son recrutement. Elle sera d'abord appointée sous forme de mensualités, puis sur la base d'un classique contrat d'intéressement à la vente des frégates – mais à un taux trois fois inférieur à celui promis au « réseau Elf » d'Alfred Sirven...

1. Déposition de Jean-François Briand devant la Cour internationale d'arbitrage, 25 avril 1995.

Quelle est la nature des prestations que ces deux intermédiaires sont censés effectuer en faveur du marché des frégates ? Leurs contrats n'en disent guère plus que l'accord passé avec la société suisse d'Edmond Kwan. Et les archives d'État sont évidemment silencieuses sur ce point. Seule l'administration des Douanes sera officiellement informée de l'existence de ces contrats, ou plus exactement du montant des commissions promises à leurs bénéficiaires. Car l'hypocrisie du système est totale : dûment déclarés sous le libellé « FCE » – pour « frais commerciaux extérieurs » –, les versements opérés secrètement, fût-ce à des fins inavouables, pour aider une entreprise française à décrocher un marché en terre étrangère, peuvent être déduits de l'impôt sur les sociétés. La seule condition imposée par le fisc est une déclaration sur l'honneur par laquelle l'entreprise s'engage à ne verser aucune desdites commissions en France ni à des ressortissants français. Ainsi les grandes démocraties capitalistes pactisent-elles avec la corruption, quitte à fermer les yeux sur la constitution de caisses noires dans les paradis fiscaux... Au lendemain de l'intervention de l'Élysée qui avait bloqué la vente des frégates, un haut responsable du ministère de la Défense avait assuré les négociateurs de Thomson qu'il « couvrirait » leurs tentatives pour faire aboutir le projet, mais à une condition : « Pas de retour sur commission ! » Autrement dit : si des sommes doivent être versées à des « consultants » étrangers, aucune ne doit revenir en France, même via des comptes suisses...

Du 28 avril au 1er mai 1991, Roland Dumas s'envole pour la Chine. La parenthèse de la guerre du Golfe s'est refermée. La France souhaite renouer le dialogue avec la Chine. Oublier les fantômes de la place T'ien an Men. Faire succéder, de par le monde, une logique de paix à la « logique de guerre » imposée par Saddam Hussein. Le ministre d'État français s'est déplacé avec une longue escorte d'invités : politiques, industriels, journalistes. Comme d'habitude, Christine Deviers-Joncour est du voyage. À Pékin, puis à Canton, Roland Dumas plaide la normalisation et annonce que la France accordera à la Chine quelque 2 milliards de francs de crédits d'équipement et de développement.

Le 7 mai, dans une note confidentielle adressée au Premier ministre par son conseiller diplomatique, Jean-Maurice Ripert, ce dernier fait état, pour la première fois, d'une « décision » favorable à la vente des frégates : « Lors de sa visite à Pékin, écrit-il, Roland Dumas a informé son homologue, M. Qian Qichen, lors d'un tête-à-tête, de notre décision de procéder à la vente de quatre frégates[1] à

1. Ce document est le seul, parmi toutes les archives qu'a pu consulter l'auteur, à mentionner le chiffre de « quatre frégates », sans que cette modification à la baisse par rapport au projet initial soit expliquée. Les négociations ultérieures porteront bien sûr six frégates, de même que le contrat final. Peut-être s'agit-il là d'une simple erreur.

Taiwan. Le ministre a pris acte de notre intention, tout en manifestant sa réprobation très vive. » La même note signale que, depuis lors, l'ambassadeur de Chine à Paris multiplie les « démarches formelles » auprès des autorités françaises afin de « réaffirmer la position de principe du gouvernement chinois » : Pékin « ne saurait absolument pas accepter » le projet français, répète-t-il, parce qu'il pourrait constituer une « très grave violation de la souveraineté de la Chine ». Un changement s'est donc produit, mais à Paris, et non à Pékin. Alors que Michel Rocard vit ses derniers jours à Matignon[1], la France semble avoir arrêté sa position et se montre prête à l'imposer. Tant pis pour les protestations chinoises.

Résumant à François Mitterrand la teneur de ses entretiens en Chine, Roland Dumas laisse lui-même apparaître une inflexion sensible de sa position. Dans une note marquée du tampon « secret[2] », il confirme avoir « fait part » au ministre chinois des Affaires étrangères de l'« intention » française « de participer désormais dans tous les domaines, y compris militaire, aux grands projets de développement économique et industriel de l'île ». Il ajoute

1. Il sera contraint à la démission le 15 mai 1991 par François Mitterrand, qui le remplacera par Édith Cresson.

2. L'exemplaire de cette note qu'a pu consulter l'auteur ne portait aucune date. Le texte indique qu'elle fait suite au voyage en Chine de Roland Dumas. Elle doit donc avoir été rédigée dans le courant du mois de mai ou au plus tard au début du mois de juin 1991.

surtout : « S'agissant de l'opération elle-même, et en dépit du risque de tension véritable des relations franco-chinoises, je vous suggère de donner le feu vert sous une triple condition. » Les conditions évoquées portent principalement sur le désarmement total des navires et l'engagement des Taiwanais à confier aux entreprises françaises plusieurs « contrats civils importants ».

Le conseil de Roland Dumas s'est-il révélé déterminant, ou le ministre n'a-t-il fait que se rallier à une décision déjà prise à un niveau supérieur ? Les archives ne permettent pas de le dire avec certitude. Le 5 juin 1991 à 12 heures, le nouveau Premier ministre, Édith Cresson, convoque une réunion interministérielle sur l'affaire des frégates. À l'issue des débats, elle donne l'aval du gouvernement au projet « Bravo ». Le compte rendu de la réunion[1] atteste que Roland Dumas y a évoqué, une fois encore, le risque d'une « réaction chinoise » pouvant aller « jusqu'à la rupture des relations diplomatiques », mais qu'il a suggéré,

1. Daté du 10 juin 1991, le document indique la liste des participants à la réunion : Édith Cresson (Premier ministre), Pierre Bérégovoy (Économie et Finances), Roland Dumas (Affaires étrangères), Pierre Joxe (Défense), Dominique Strauss-Kahn (Industrie et Commerce extérieur), Jean-Noël Jeanneney (secrétaire d'État au Commerce extérieur), le général Quesnot (chef de l'état-major particulier du président de la République), Anne Lauvergeon (secrétaire général adjoint de la Présidence), Gérard Moine (directeur du cabinet du Premier ministre) et Guy Fougier (secrétaire général de la Défense nationale).

là aussi, « d'accorder une autorisation de principe d'exportation des six navires ». La cause était entendue.

Pour autant, le travail de la diplomatie n'était pas achevé. À ce stade, Thomson et les militaires français ont déjà partie gagnée. Mais la nouvelle n'est pas publique. Et Pékin reste sur une ligne dure. Le même 5 juin 1991, un télégramme de l'ambassadeur de France en Chine, Claude Martin, rapporte au cabinet de Roland Dumas les menaces de sanctions économiques proférées par le Premier ministre Li-Peng devant le P-DG de GEC-Alsthom, Jean-Pierre Desgeorges, avec lequel il entretient depuis longtemps des relations amicales. À Paris, officiellement informé de l'autorisation accordée à Thomson, l'ambassadeur de Chine exprime à nouveau, le 6 juin, son opposition formelle. Mais il entrouvre une porte en proposant la tenue de « consultations à Pékin et à Paris, afin de trouver en commun une solution adéquate ». Signe que, désormais, la Chine ne semble plus espérer qu'une issue honorable à un « bras de fer » qu'elle a elle-même provoqué. Dans un message au cabinet du ministre daté du 18 juin, l'ambassadeur de France, Claude Martin, qui prépare, à Pékin, ces prochaines « consultations » avec ses interlocuteurs officiels, n'exclut pas que les négociateurs chinois apparaissent bientôt « plus malléables, ayant compris que la situation n'offrait guère d'autre issue que le choix entre la rupture et l'acceptation résignée, et prêts, pour sauver la face, à un certain dialogue ».

La rencontre franco-chinoise aura finalement lieu à Paris. Elle se tient les 26, 27 et 28 juin 1991, dans le plus grand secret, en présence d'une délégation chinoise de neuf membres conduite par le vice-ministre des Affaires étrangères de Pékin, Tian Zeng Pei. Aucun journal, aucun communiqué officiel n'en fera jamais état. C'est pourtant au cours de ces entretiens que l'accord est définitivement scellé. Face au secrétaire général du Quai d'Orsay, François Scheer, le chef de la mission chinoise met en avant le « désir de ne pas porter atteinte à des relations franco-chinoises satisfaisantes » et déclare que « la partie chinoise est disposée [...] à trouver une solution avec la partie française au problème de la vente de coques sans armement à Taiwan[1] ».

Le 8 juillet, Roland Dumas informe François Mitterrand du « succès » de ces « conversations secrètes et informelles ». « La Chine renonce à ouvrir une crise avec la France, écrit-il, et se contente de la publication, au moment de la signature du contrat de vente des frégates, du communiqué français dont elle a accepté la teneur. » Le communiqué indique simplement que l'autorisation donnée par la France porte sur « une affaire

1. Transcription des entretiens entre François Scheer et Tian Zeng Pei, 28 juin 1991.

purement commerciale qui n'implique aucune relation officielle avec les autorités de Taiwan ».

Le contrat « Bravo » est finalement paraphé à Taipeh le 15 août 1991, puis officiellement signé le 31 août. Un mois plus tard, le 30 septembre, l'ambassadeur Claude Martin transmet une dernière fois au Quai d'Orsay l'expression du « vif mécontentement des autorités chinoises », à l'issue d'un entretien avec le vice-ministre Tian Zeng Pei. Ce dernier, ironise toutefois le diplomate, « s'était composé pour la circonstance, un visage sévère, mais l'entretien est resté courtois, chacun étant très conscient de jouer un rôle convenu... ». Dès le lendemain, l'ambassadeur se fera l'écho de la « reconnaissance » du gouvernement chinois, telle qu'elle venait de lui être exprimée par un officiel durant les cérémonies de la fête nationale chinoise. Transmis à François Mitterrand durant le Conseil des ministres du 2 octobre 1991, le document archivé porte une annotation manuscrite du directeur de cabinet de Roland Dumas, Bernard Kessedjian, débordant d'admiration amicale : « Encore un succès de la diplomatie dumassienne ! »

Mazarin l'avait dit : « Quand tu t'occupes d'affaires importantes aux conséquences décisives, laisse aux autres les satisfactions futiles comme la gloriole et les applaudissements[1]. » À l'heure où s'approche la menace judiciaire, Roland Dumas

1. Mazarin, *Bréviaire des politiciens*, Arléa, 1997.

doit se féliciter d'avoir fait sienne cette devise cardinale. Sept ans après, le dénouement heureux de la négociation des frégates taiwanaises lui apparaît comme un succès encombrant. C'est pourquoi il dit, répète et fait répéter qu'il fut hostile au contrat jusqu'au dernier instant – ce qui, les archives le montrent, mérite d'être nuancé. Certes, nul ne saurait dire que le ministre des Affaires étrangères fut jamais partisan de la vente des navires. Et cela suffit, pense-t-il, à le laver de tout soupçon. Christine Deviers-Joncour n'a-t-elle pas elle-même affirmé que sa tentative d'intervention auprès de lui avait été repoussée sans ménagement ? Une fois la décision prise – par l'Élysée –, il s'efforça d'apaiser la fureur des Chinois de façon à désamorcer la crise qui sourdait entre Paris et Pékin. « J'ai agi en tant que chef de la diplomatie française », dit-il avec raideur, vexé de se voir soupçonné d'avoir pu laisser ses relations privées influer sur ses fonctions officielles. N'est-il pas considéré à l'étranger comme le ministre français qui s'est le plus investi dans l'amitié franco-allemande, lui dont le père a été fusillé par la Gestapo ? Mais il est bien obligé d'admettre qu'il eut effectivement à écarter une « suggestion » de son envahissante compagne, et ne cache pas qu'une telle démarche ne l'avait pas troublé le moins du monde[1]...

1. Entretien avec l'auteur, 29 décembre 1997. Dans un entretien ultérieur, le 11 janvier 1998, Roland Dumas évoquera une simple « question » posée par Christine Deviers-Joncour au sujet du contrat taiwanais. Dans un entretien

Christine, de fait, était aux premières loges. Même si sa mission avait échoué, elle continuait au moins à occuper, dans l'intimité du ministre, un poste d'observation idéal. À la fin du mois d'avril 1991, elle accompagne Roland Dumas en Chine, lorsqu'il informe pour la première fois les autorités de Pékin que la France a décidé de renouveler son accord au marché des frégates. Dans les jours précédents, les agendas du ministre mentionnent également deux rendez-vous avec elle, les 17 et 24 avril. La première de ces deux rencontres – un dîner – coïncide avec le séjour à Paris du maire de Shanghai, Zhu Rongji, qui venait d'être promu vice-Premier ministre de Chine populaire. Le futur Premier ministre chinois était arrivé le 13 avril pour une série de rencontres avec des patrons et des responsables politiques français. À aucun moment les archives du Quai d'Orsay ne signalent l'importance qu'aurait pu revêtir cette visite dans l'évolution du dossier des frégates. Le nom du maire de

publié par *Le Figaro* du 9 mars 1998, l'ancien ministre précisera avoir été « sollicité » par Christine Deviers-Joncour « pour essayer de [le] faire changer de position à propos du marché des frégates de Taiwan ». « J'ai le souvenir, ce jour-là, de l'avoir éconduite de mon bureau du ministère des Affaires étrangères. J'ai dit alors à Christine Deviers-Joncour qu'elle n'avait aucune chance d'obtenir quoi que ce soit dans ce dossier. Je lui ai même conseillé de ne pas se mêler de tout cela. J'étais alors, dans les années 89-90-91, accaparé par les affaires internationales. Son insistance à me faire changer de cap ne m'avait pas surpris outre mesure. C'était un épisode parmi d'autres... »

Shanghai n'est pas même cité dans les échanges de messages et de télégrammes diplomatiques consacrés à l'affaire taiwanaise, fût-ce dans le discours des représentants chinois. Mais c'est pourtant ce voyage de Zhu Rongji à Paris qui servira de leurre principal, trois ans plus tard, devant la Cour internationale d'arbitrage, dans l'argumentaire truqué des hommes du « réseau Elf[1] ».

« Si vous voulez mon sentiment profond, avait déclaré Alfred Sirven aux arbitres, c'est à ce moment-là qu'il y a eu une conversation essentielle, et il s'est passé peu de temps avant l'arrivée officielle d'une délégation chinoise. Je ne vous le situerai pas, mais je crois qu'il y a un dossier de presse, qu'on m'avait montré à l'époque. Après cette visite, tout a été réglé comme par miracle; tout allait bien[2]. » Un mensonge d'initié : car si les archives mettent bien en évidence l'importance, dans l'apaisement des protestations chinoises, de la rencontre bilatérale des 26, 27 et 28 juin 1991 à Paris, celle-ci n'avait pas été rendue publique, et n'était connue que des seuls milieux diplomatiques et politiques – et encore, à haut niveau. Aucun « dossier de presse » ne pouvait donc l'avoir évoqué. Mais Alfred Sirven et ses complices disposaient d'informations précises et précieuses. Lorsqu'ils se heurteront au refus de Thomson de

1. Voir chapitre 3.

2. Déposition d'Alfred Sirven devant la Cour internationale d'arbitrage, 21 novembre 1995.

payer la commission espérée, elles leur serviront à échafauder un scénario cohérent. Assez crédible, en tout cas, pour abuser les arbitres et faire condamner Thomson.

Le vrai-faux « réseau Elf » avait aussi de sérieux appuis. Au cours de l'année 1992, alors que des discussions se sont engagées entre les avocats du groupe Thomson et ceux désignés par Alfred Sirven et Gilbert Miara au nom de la société écran suisse Frontier AG Bern, la direction du groupe industriel est discrètement approchée par l'état-major particulier du président de la République. Le message transmis est le suivant : à l'Élysée, on n'apprécie guère le refus d'Alain Gomez de payer la commission prévue aux termes du contrat. Ce n'est certes pas la première fois que le P-DG de Thomson s'oppose aux désirs présidentiels : en 1982, peu après sa nomination à la tête du groupe d'électronique, il avait refusé d'avaliser le rachat par Thomson de la société Vibrachoc, alors en difficulté, mais qui appartenait à Roger-Patrice Pelat, l'ami de François Mitterrand[1]. Cette fois encore, Gomez en déduit qu'il a dû froisser l'entourage du chef de l'État. Cela ne l'incitera que davantage à résister. Chez Thomson, on se souvient aussi qu'en 1990, un membre éminent du cabinet du président de la République avait approuvé le recours aux « correspondants » d'Elf en Asie. L'ancien P-DG du

1. C'est finalement Alsthom, filiale de la CGE, qui racheta Vibrachoc, au prix (prohibitif) de 110 millions de francs.

groupe pétrolier, Loïk Le Floch-Prigent, a même affirmé à plusieurs témoins que la première personne à avoir sollicité l'appui des hommes d'Elf dans le contentieux des frégates n'était autre que François Mitterrand en personne. « Quelques jours plus tard, a-t-il raconté, Alfred Sirven est venu me voir pour me parler de la proposition de Kwan d'aider Thomson. J'ai compris que l'idée venait d'en haut... »

Les autres réseaux utilisés par Thomson ne disposaient pas de telles recommandations, mais eux furent efficaces. Du moins le groupe industriel s'acquitta-t-il sans barguigner des pourcentages convenus à l'origine avec la Chinoise Lily Liu et le Taiwanais Andrew Wang. Officiellement, l'objet de leurs prestations respectives reste inconnu. Dans ce type d'opérations, l'efficacité des intermédiaires repose grandement sur l'opacité dont ils savent entourer leurs activités. Tout juste sait-on que la charmante Lily Liu organisa, à l'intention de plusieurs dirigeants de Thomson, un voyage à Pékin, au mois d'octobre 1990, au cours duquel ils purent s'entretenir avec le chef de la commission militaire du PC chinois, et lui promettre que les frégates destinées à Taiwan ne seraient pas armées. Quant à « Dédé » Wang, la valeur de ses interventions en marge de l'opération « Bravo » serait plus aisément quantifiable. Ce sexagénaire affable et fortuné, agent de nombreuses compagnies occidentales à Taipeh, se montrait régulièrement au siège de Thomson, dans le quartier de la Défense, à Paris.

Sa mission aurait notamment consisté à convaincre ses interlocuteurs locaux d'augmenter leurs commandes dans le cadre du contrat avec Thomson – les spécialistes qualifient ce type d'intermédiaire de *booster*. Estimé à quelque 11,5 milliards de francs en 1990, le montant de la vente des frégates sera finalement porté, au moment de la signature finale, à 14,6 milliards. L'« effet Wang » y eut peut-être sa part. Deux ans et demi plus tard, l'homme d'affaires quitta précipitamment l'île, après l'assassinat de l'officier chargé des achats d'équipement de la marine taiwanaise, le capitaine Yin Ching Feng, dont le cadavre fut découvert dans le port de Taipeh, la gorge tranchée. Les rumeurs locales prétendirent à l'époque que le capitaine Yin s'apprêtait à dénoncer une affaire de pots-de-vin – ou que lui-même y avait trempé. On sait que André Wang travaillait alors sur l'exécution du contrat des frégates françaises, en même temps qu'il négociait un marché de navires chasseurs de mines pour le compte d'une société allemande. Il s'est réfugié en Californie et n'est jamais revenu à Taiwan. On le dit protégé par la CIA.

En France, le service de contre-espionnage – la DST – s'intéressa, lui, à la création subite d'une Association d'amitié France-Taiwan, en 1991, peu après la signature du contrat des frégates. L'accord avait été signé le 31 août. Le 19 septembre suivant, l'association déposait ses statuts. Elle avait pour président Pierre Bergé, le P-DG de Saint Laurent, notoirement proche de François Mitterrand, et pour vice-présidents le député socialiste Jean-Marie Le Guen et l'économiste Jacques Cresson, l'époux d'Édith Cresson – le Premier ministre qui avait autorisé la vente des frégates… Les brèves vérifications entreprises montrèrent que l'association disposait de bureaux dans un immeuble du XVe arrondissement de Paris, acheté en 1990 par la Mutuelle nationale des étudiants de France (MNEF), proche du PS, dont le directeur général, Olivier Spithakis, était aussi le trésorier de l'association. Le rapprochement fut également fait avec le voyage à Taipeh d'une petite délégation de députés socialistes, au mois de septembre 1990, soit au moment où les négociations sur le contrat des frégates semblaient enlisées : conduit par Jean-Marie Le Guen, le groupe comprenait d'autres parlementaires proches d'Édith Cresson, parmi lesquels Jean-Christophe Cambadelis, Patrick Sève et Julien Dray. « Les frégates ont fait partie de certaines discussions, d'ordre protocolaire, expliquera ce dernier, mais nous n'avions pas de mandat pour cela. Nous n'étions pas les partenaires institutionnels adéquats[1]. » Les députés avaient néanmoins retrouvé un avocat français installé sur place, Denis Forman, ancien responsable du syndicat étudiant Unef-ID – proche de la MNEF – et spécialisé dans la constitution de

1. Cf. l'enquête de Karl Laske dans *Libération*, 12 février 1998 : « L'activisme des députés pro-Taiwan ».

sociétés de *joint-venture*, qui revendiquait à demi-mot une participation aux négociations sur les frégates. « Je ne peux pas répondre sur le degré de mon intervention, devait déclarer l'avocat. Il nous arrive, ici à Taiwan, de travailler pour des groupes impliqués dans des affaires de défense [...]. Jean-Marie Le Guen exerçait des responsabilités. Avec lui, d'autres responsables sont venus. Ils ont fait des démarches, ils ont pris certaines initiatives. La France avait pris des engagements. Elle les a finalement tenus. C'est une bonne chose. Taiwan a besoin de préserver son intégrité territoriale[1]. » Ce classique travail d'influence n'avait pas ému outre mesure. À la même époque, l'une des chevilles ouvrières du groupe d'amitié parlementaire France-Taiwan était Olivier Dassault, au moment où se profilait, derrière le contrat des frégates, la vente d'avions Mirage. Mais cela, bien sûr, est une autre histoire...

Sans doute Roland Dumas en connaît-il les détails. Il a toujours manifesté autant d'intérêt pour les marchandages de coulisse que pour les conférences internationales. Il aime la haute diplomatie, et cela se voit. Il goûte les charmes de l'intrigue, et cela se sait. Mais il a toujours feint de dissocier les deux hommes qui cohabitent ainsi en lui. Et il souffre de devoir, pour se défendre, les réunir enfin : le ministre d'État, docteur Jekyll parlant au nom de la France, et le protecteur de

1. Voir *Libération*, 12 février 1998.

Christine, Mister Hyde piégé par sa légèreté. Le premier se sent irréprochable : il a demandé à ses anciens collaborateurs du Quai d'Orsay de collecter pour lui l'essentiel des archives disponibles sur l'affaire des frégates, pour démontrer son innocence. Le second guette les bruits du dehors. Il attend la visite des juges.

CHAPITRE SIXIÈME

L'agence 420

« Nous allons chez le cinquième personnage de l'État. »

Eva Joly a dit cela d'un ton sec où percent à la fois l'orgueil et la crainte. À l'instant de la rencontre tant attendue, c'est comme si elle ne parvenait pas à prononcer le nom qui l'obsède depuis deux mois[1]. Sept heures sont à peine passées, ce mardi 27 janvier au matin. Autour de la magistrate et de ses deux gardes du corps, se sont rassemblés, devant la porte de son bureau, dans un Palais de justice encore désert, sa collègue Laurence Vichnievsky, le substitut Anne-Marie Beauguion, et un groupe de policiers de la brigade financière. La veille au soir, un représentant du barreau de Paris

1. Au demeurant, le président du Conseil constitutionnel ne peut être valablement qualifié de « cinquième personnage de l'État ». Selon le décret du 13 septembre 1989 qui fixe l'ordre protocolaire, le président du Conseil constitutionnel ne figure qu'au huitième rang, étant entendu qu'au cinquième rang figurent les anciens Premiers ministres et au sixième rang l'ensemble du gouvernement en exercice.

a aussi été requis pour assister les juges, comme l'exige la règle lorsqu'une perquisition doit être effectuée chez un avocat. Me Pierre-Olivier Sur a été désigné par le bâtonnier, mais il ignorait jusque-là lequel de ses confrères serait réveillé à l'aube.

Les policiers eux-mêmes n'ont été prévenus qu'au dernier moment. En début de soirée, le lundi, l'information a vite remonté le cours de la hiérarchie policière. Tous les directeurs de la police parisienne se trouvaient alors réunis dans les appartements du préfet de police, Philippe Massoni, pour la traditionnelle cérémonie des vœux de Nouvel An. C'est là que le ministre de l'Intérieur, Jean-Pierre Chevènement, a appris la nouvelle. Après un bref conciliabule, dans un petit bureau voisin, avec le préfet et le directeur de la PJ, Patrick Riou, le ministre est aussitôt parti pour Matignon. « Je vais prévenir le Premier ministre, a-t-il dit. Il faut qu'il puisse préparer sa réaction. » Signe des temps : Lionel Jospin n'est effectivement pas au courant de l'expédition programmée par Eva Joly. Alertée dès lundi après-midi par la juge, la section financière du parquet de Paris a gardé le secret le plus longtemps possible. Si bien que la Chancellerie elle-même ne sera informée que tard dans la soirée, après l'hôtel Matignon, du coup d'éclat qui se prépare…

Le jour n'est pas encore levé lorsque Eva Joly et son escorte arrivent dans l'île Saint-Louis, peu après 7 h 30. Le président du Conseil constitutionnel dispose de plusieurs résidences, mais l'appartement du quai de Bourbon constitue, depuis quelques années, son véritable domicile privé. De toute façon, pour ne laisser aucune place au hasard, la brigade financière a organisé une surveillance discrète de ses déplacements. Le lundi soir, des enquêteurs ont vu Roland Dumas rentrer chez lui. Ils savent donc où le trouver.

Eva Joly marche en tête. Toute de rouge vêtue, elle est élégante, coiffée et maquillée comme pour une grande occasion. Une fois le porche franchi, la troupe se heurte à une concierge hostile qui refuse de céder le passage. Les policiers s'avancent en haussant la voix, la menacent de l'« embarquer ». Elle finit par ouvrir, en maugréant, la porte vitrée qui conduit à l'appartement de l'ancien ministre, au rez-de-chaussée. Au coup de sonnette, Roland Dumas apparaît, livide, en peignoir blanc. « Il avait l'air d'un fantôme », dira plus tard l'un des témoins de la scène. Mais il se ressaisit promptement et se lance alors dans un incroyable numéro d'acteur où alternent l'autorité et l'ironie.

Aux enquêteurs qui se pressent dans l'étroit vestibule, il demande d'abord leurs cartes professionnelles. « J'aimerais savoir à qui j'ai affaire », lâche-t-il, méprisant. Estomaqués, juges et policiers s'exécutent. Sur les murs, autour d'eux, sont exposées des photographies de leur hôte en compagnie de chefs d'État étrangers – Ronald Reagan, Margaret Thatcher... Face à eux, l'homme est âgé, mal réveillé, pas rasé, à peine vêtu, mais il ne manque pourtant pas d'allure.

Poussant son avantage, il demande aux intrus s'ils connaissent « l'histoire de ces lieux ».

« – C'est une perquisition ! interrompt Laurence Vichnievsky.

« – Un peu d'histoire n'a jamais fait de mal », tranche Roland Dumas. Avant de poursuivre, crânement : « Sachez que vous êtes dans l'ancien atelier de Camille Claudel. C'est ici qu'elle a passé ses derniers instants de liberté, avant d'être internée dans un asile psychiatrique, sur l'ordre de son frère. J'espère qu'on ne me réserve pas le même sort... »

Face aux enquêteurs médusés, il saisit alors un livre d'art consacré à l'élève de Rodin et se lance dans une tirade sur sa vie, son œuvre... Eva Joly reste muette. Ulcérée par l'ambiance solennelle que réussit peu à peu à installer le maître des lieux, Laurence Vichnievsky l'interpelle sans égards :

« M'sieur Dumas, nous sommes quand même venus perquisitionner ! »

L'atmosphère se tend encore davantage lorsque la même magistrate – qui ne cessera, durant plusieurs heures, d'appeler le président du Conseil constitutionnel « M'sieur Dumas » – lui indique qu'il va devoir annuler tous ses rendez-vous de la journée.

« – Vous en avez ? interroge-t-elle.

« – Deux.

« – Lesquels ?

« – Ce matin, j'attends ma professeur de russe. »

Roland Dumas suit en effet avec assiduité des cours de russe – langue qu'il avait commencé à étudier dans les années cinquante. Pour ses visiteurs inattendus, cette découverte ajoute encore à la superbe du personnage. Tel Socrate qui apprenait à jouer de la lyre avant de mourir, le vieil homme, à soixante-quinze ans passés, au soir d'une carrière professionnelle et politique d'exception, veut continuer à apprendre, et tous peuvent y voir la marque d'une forme d'optimisme hors du commun.

« Et le deuxième ?

« – Comme vous le savez peut-être, je préside le Conseil constitutionnel. Nous avons une séance cet après-midi… »

Pas plus la professeur de russe que la secrétaire particulière ne pourront entrer dans l'appartement. Quant à la séance du Conseil constitutionnel, elle devra être reportée. Roland Dumas devait préparer, avec trois membres de la haute juridiction, les délibérations relatives au contentieux électoral dont l'examen était prévu pour les semaines à venir. Il prévient par téléphone le secrétaire général du Conseil constitutionnel, Jean-Éric Schoettl, de son indisponibilité.

« – Vous avez votre instruction à conduire, mais j'ai aussi les miennes, dira le haut fonctionnaire à Eva Joly. N'empêchez pas le Conseil de mener à bien la mission que lui a confiée la Constitution. »

Réponse ferme de la magistrate :

« – Je comprends votre problème, mais nous sommes engagés aujourd'hui dans une procédure complexe. Nous ne pouvons la suspendre. »

Dans l'après-midi, les juges dépêcheront même deux policiers au pavillon Montpensier, siège du Conseil constitutionnel, pour escorter une secrétaire de Roland Dumas, partie à leur demande chercher des documents. L'idée avait été avancée de les faire apporter quai de Bourbon par un employé du Conseil, mais Eva Joly a refusé : l'heure est à la dramatisation.

Après des semaines de duel à distance, par journaux, rumeurs et confidences interposés, la juge et l'ancien ministre sont enfin face à face. Tout devient prétexte à affrontement. Lorsque Roland Dumas se retire pour enfiler un pantalon, un policier le suit jusqu'à sa chambre. Même quand il se rend aux toilettes, on le fait accompagner. Et lorsque le téléphone se met à sonner, les deux juges lui interdisent de décrocher. Il refuse alors à son tour que les policiers répondent à sa place. C'est l'avocat Pierre-Olivier Sur qui assurera le secrétariat. Pendant ce temps, les agendas de Roland Dumas sont examinés, saisis, l'appartement fouillé. Lorsque les deux magistrates s'approchent de la bibliothèque, il leur désigne un gros dossier intitulé « Chine » en assurant : « Voici ce que vous cherchez. C'est à votre disposition. » Un piège un peu gros : le classeur contient les archives confidentielles du quai d'Orsay sur l'affaire des frégates de Thomson, qu'il a fait récupérer par d'anciens membres de son cabinet. Bon nombre de ces pièces sont couvertes par le « secret-défense ». Surtout, la saisie de tout ou partie de ces documents entraînerait *de facto* les juges au-delà des limites de leur saisine : sur le terrain de l'action gouvernementale du ministre Roland Dumas, où seule la Cour de justice de la République est compétente. Une telle faute pourrait provoquer leur dessaisissement – voire l'annulation de toute la procédure. Prudentes, Eva Joly et Laurence Vichnievsky feuillettent le dossier, en lisent quelques pages, mais refusent de s'en emparer.

La visite de l'appartement conduit les policiers de surprise en surprise. Dans la chambre à coucher, derrière un paravent, un escalier en colimaçon descend vers le sous-sol. Là, une série de caves aménagées en enfilade constitue le repaire intime de cet esthète fortuné : un antre à la Balsamo, où le luxe côtoie la pénombre. Une première salle aux murs de pierre, curieusement dotée d'une estrade et meublée de canapés et de coussins, puis un petit bassin qui fait office de jacuzzi, une chambre, et enfin une cave, emplie de bouteilles de vins précieux, disposées comme au hasard, dans un ordre incertain. Au bout du souterrain se trouve une porte qui ouvre sur l'inconnu : une sortie dérobée, que le président du Conseil constitutionnel, ce jour-là, n'aura pas le loisir d'emprunter.

Vers 13 heures, lorsque la fouille s'achève, un policier attribue à chacun une place dans les différents véhicules du cortège policier, auquel doit se joindre la voiture de Roland Dumas. L'étape suivante est l'hôtel particulier de la rue de Bièvre.

Dehors, alertés par les agences de presse qui ont diffusé la nouvelle de la perquisition en cours, les photographes se bousculent sur le quai. Par la fenêtre, les magistrates les ont vus. Eva Joly et Laurence Vichnievsky exigent alors de monter en voiture avec Roland Dumas. Au représentant de l'Ordre des Avocats, qui lui conseille de refuser, celui-ci glisse à l'oreille : « Je préfère être pris en photo avec elles qu'avec les flics. »

L'épreuve se prolonge donc rue de Bièvre, dans ce qui fut son cabinet d'avocat. Devant ses secrétaires, ses collaboratrices, il est traité en suspect. Le superbe loft qui occupe les deux derniers étages du vieux bâtiment est lui aussi fouillé. Les enquêteurs y admirent au passage une toile de Picasso, quelques bronzes de Giacometti.

Au même moment, une autre perquisition est conduite à Sarlat, dans la maison d'un voisin de Paulette Deviers, la mère de Christine Deviers-Joncour : un citoyen suisse, décédé peu de temps auparavant, dont la cave aurait abrité des archives de Roland Dumas après sa dernière campagne électorale, en 1993.

La police surgit aussi à Saint-Selve, dans la vaste demeure qu'habite son épouse, à quelques kilomètres de Bordeaux. Sous le regard impuissant d'Anne-Marie Dumas, les tiroirs sont ouverts, des carnets et des agendas saisis. Au téléphone, les officiers de la PJ bordelaise rapportent aux deux juges parisiennes les rumeurs, recueillies sur place, d'un déménagement organisé la veille dans la propriété. « Vous avez cherché à nous tromper ! », lance Eva Joly à Roland Dumas. Le président du Conseil constitutionnel ne réagit plus. Il semble à bout de forces, loin, très loin de son aisance matinale. À Saint-Selve, une autre découverte provoque, cette fois, le sourire des enquêteurs : d'une sacoche en cuir, ils exhibent une télécopie envoyée la veille par Michel Charasse. Le sénateur y affirme que le dossier des frégates est classé « secret-défense » et qu'en conséquence, « aucun juge ne saurait enquêter sur cette affaire, pièce à l'appui, si le secret n'est pas levé ». « Un ministre ne peut être entendu ès qualités sur des faits susceptibles de lui être reprochés que par la Cour de justice de la République, poursuit le texte. Il ne peut donc pas être entendu, même comme simple témoin, par une juridiction de droit commun, ni faire l'objet d'une perquisition »... Rédigée à la hâte par l'ancien ministre du Budget, cette analyse juridique avait été commandée en urgence, Roland Dumas ayant eu vent de ce qui se tramait contre lui. Et parce que *Le Monde*, publiant un long article recensant les présomptions accumulées, avait évoqué l'hypothèse d'une perquisition [1]. Une menace qui a ravivé en lui une ancienne douleur, enfouie comme un souvenir honteux. Un souvenir qui a nom Francisi...

1. Cette enquête a été publiée dans *Le Monde*, 25-26 janvier 1998, sous le titre : « L'affaire d'État qui inquiète M. Dumas ».

C'était le 4 mars 1982. François Mitterrand était à l'Élysée depuis moins d'un an. Roland Dumas n'était encore que député – mais, pour une fois, de la majorité. En attendant mieux. Il était surtout un avocat célèbre. Lorsqu'un magistrat se présenta à la porte de son cabinet pour y mener une perquisition, il crut sa carrière compromise, son élan brisé. Comme par un étrange présage, le magistrat s'appelait… Joly[1] ! Et, déjà, l'affaire était diablement embarrassante.

Le 15 janvier précédent, le directeur d'un cercle de jeux parisiens, Marcel Francisi, avait été assassiné par balles, dans le parking du XVIe arrondissement où il garait sa Jaguar. Gaulliste de la première heure, conseiller général RPR en Corse, l'homme était aussi soupçonné d'entretenir des liens avec le grand banditisme, voire d'être lui-même un caïd de la drogue. À l'arrivée de la gauche au pouvoir, ce double cursus n'avait guère plaidé en sa faveur. Le nouveau ministre de l'Intérieur, Gaston Defferre, avait retiré à son établissement – le Cercle Haussmann – son autorisation de jeux. Parallèlement, Marcel Francisi avait été l'objet d'une série d'enquêtes douanière, fiscale et policière. Il avait alors pensé qu'un avocat marqué à gauche pourrait l'aider à corriger ce mauvais profil. Aussi avait-il pensé à Roland Dumas.

1. Il s'agissait de Guy Joly, qui devait intégrer, en 1994, la Cour de justice de la République.

Sur le cadavre de Francisi, les policiers avaient retrouvé une cassette sur laquelle le patron du Cercle Haussmann avait enregistré, au cours des semaines précédentes, ses propres conversations avec l'avocat marseillais Paul Lombard. Ils avaient ainsi appris que, par ce dernier, Francisi s'efforçait d'entrer en contact avec Roland Dumas dont il espérait, plus encore qu'une assistance juridique, les bons offices auprès de Gaston Defferre. De la transcription de la bande, versée au dossier de l'enquête, il ressortait que la victime n'était jamais parvenue à parler à Roland Dumas, en dépit d'appels téléphoniques répétés, mais que Paul Lombard prétendait avoir obtenu son accord. « Notre ami est d'accord pour s'en occuper, disait l'avocat Marseillais. Il réclame cinquante mille balles de provision, et, pour le reste, il dit : "Je fais tout à fait confiance à mon interlocuteur." » La suite de la discussion permettait de déduire que l'« interlocuteur » en question était bien le ministre de l'Intérieur. Évoquant les « dernières évolutions de notre ami Roland », Paul Lombard assurait, lors d'un autre appel, que celui-ci avait « entrepris les négociations comme il avait promis de le faire » et qu'il devait rencontrer prochainement « le principal intéressé ». Nul ne sut si Marcel Francisi avait payé la « provision » réclamée, mais il n'obtint pas l'autorisation tant espérée. Son cercle resta fermé. Dix jours avant sa mort, il concluait son enregistrement par ces mots :

« À présent, je n'ai plus de nouvelles de Me Lombard, et encore moins de Me Dumas. »

Le juge Guy Joly voulait en avoir le cœur net : il perquisitionna au cabinet de la rue de Bièvre. Il n'y trouva qu'un maigre dossier et quelques lettres, d'ailleurs postérieures à la mort de Francisi. Mais, pour Roland Dumas, le coup était rude. Le soupçon, déjà, prenait sa source dans une renommée à double tranchant. Ses talents d'orateur et de juriste étaient notoires, certes, mais ses dons de négociateur, son art du compromis ne l'étaient pas moins. Et Francisi avait à l'évidence besoin d'un intermédiaire plus que d'un avocat. Roland Dumas ne l'avait jamais pris au téléphone, et Gaston Defferre affirma publiquement qu'il n'était jamais intervenu auprès de lui. Mais il était fâcheux qu'un homme comme Francisi ait pu le croire – et beaucoup avec lui. D'autant plus que l'avocat s'était subitement fait introuvable. D'ordinaire brillant et volontaire, il semblait se cacher, se murer dans son silence. Retranché quai de Bourbon, il se désespérait en maudissant le sort.

Il mit quatre jours à réagir. Quatre longues journées durant lesquelles ses amis les plus proches, groupés autour de lui, eurent la révélation d'une fragilité longtemps camouflée. Le 8 mars 1981, il diffusa un simple communiqué pour nier toute implication dans l'affaire et tenter d'endiguer le flot des rumeurs. Le texte avait été préparé par son collaborateur, Christian Charrière-Bournazel et le journaliste du *Canard enchaîné*, Claude Angeli. « C'est mal me connaître, pouvait-on lire, que d'imaginer que j'aurais pu un seul instant me prêter à ce genre d'intervention auprès de mes amis politiques et, pis encore, les monnayer. » Le même jour, *Le Monde* publiait le script des conversations entre Paul Lombard et Marcel Francisi[1], avec son lot d'allusions ambiguës à « notre ami Roland »... Ajoutée à l'opprobre de la perquisition, cette publication inopinée plongea Roland Dumas dans la dépression. Seul *Le Canard enchaîné* – dont il était l'avocat – prit sa défense, invoquant un « règlement de comptes au sein même de la majorité[2] ». En privé, le député de la Dordogne accusait le garde des Sceaux, Robert Badinter, confrère et rival d'autant plus détesté qu'il disposait, lui, des faveurs de l'intelligentsia de gauche, et que François Mitterrand l'avait appelé au gouvernement. Par sa faute, pestait-il, ses propres espoirs ministériels s'envolaient. Il croyait avoir perdu toutes chances. Il était au plus bas.

Mais l'année suivante, l'affaire était oubliée : il était ministre.

Pour Eva Joly, la décision n'a pas été facile à prendre. Perquisitionner chez le président du Conseil constitutionnel est un acte grave, qui marque le début d'une escalade irrémédiable. Elle ne pouvait ignorer qu'une fois la porte franchie, il

1. *Le Monde*, 9 mars 1982.
2. *Le Canard enchaîné*, 10 mars 1982.

serait trop tard pour reculer. Trop tard aussi pour avoir le droit d'échouer. Gardien des institutions, juge suprême de l'élection et des libertés, le président du Conseil ne dispose, certes, d'aucune immunité. Mais on ne peut faire fi de sa fonction, ni du respect qui s'y attache. Aussi la magistrate a-t-elle hésité. Dès le mois de décembre 1997, elle a envisagé – parfois devant témoins – de faire mouvement vers Roland Dumas. Depuis les déclarations de Christine et de Miara sur la trouble affaire des frégates, les pistes convergeaient vers lui. Mais un doute n'est pas une preuve. Peut-on forcer la porte d'un personnage aussi éminent sur de simples soupçons ? Or rien ne permettait d'affirmer qu'il avait bénéficié des sommes captées par Christine Deviers-Joncour, même si celle-ci s'affichait alors à son bras. À ce stade, l'alternative offerte aux juges relevait donc de la quadrature du cercle : pour progresser, leur enquête devait nécessairement passer par la case Dumas ; mais pour avoir le droit d'avancer jusqu'à lui, il fallait déjà avoir trouvé... Eva Joly a tergiversé, puis reculé. Jusqu'au 21 janvier.

Ce jour-là, la magistrate verse au dossier d'instruction le compte rendu d'un appel téléphonique, reçu à 12 h 15, au cours duquel un correspondant « souhaitant garder l'anonymat » lui a livré des informations relatives au compte bancaire de Roland Dumas, ouvert dans une agence parisienne du Crédit lyonnais, dans le quartier de la Mutualité. Étonnamment précis, le témoin dispose à l'évidence d'informations puisées au sein de la banque elle-même : il fournit – à un chiffre près – le numéro du compte, le code de l'agence – 420 –, le nom de son ancien directeur. Il évoque surtout un prêt consenti par la banque à l'ancien ministre « pour l'achat d'un appartement à une amie », et précise que le compte avait été approvisionné par une importante série de « versements en espèces inexpliqués », notamment « entre 1991 et 1992 », dont le total aurait atteint plusieurs millions. Ces « anomalies », conclut-il, avaient été signalées à la direction du Crédit lyonnais, « en application de la loi contre le blanchiment[1]. »

Avec ces éléments, tout paraît concorder. Des liasses de billets, un appartement acheté pour « une amie », le tout entre 1991 et 1992 : comment ne pas croire enfin découvert le lien entre le trésor de Christine, l'appartement de la rue de Lille, et son illustre protecteur ? Eva Joly se montre néanmoins prudente. Sans doute n'a-t-elle pas oublié sa déconvenue de l'année précédente, lorsqu'elle était partie le 6 mars 1997, avec une escouade de policiers, dans le Lot-et-Garonne pour fouiller le château de Gilles Ménage, l'ancien directeur du cabinet de François Mitterrand, qu'une lettre de délation accusait d'y avoir caché des documents relatifs à certaines commissions versées par Elf.

1. Adoptée en 1990, cette loi oblige les banques à signaler les mouvements de fonds anormaux à un service spécialisé des douanes, baptisé Tracfin.

Elle avait été jusqu'à faire sonder les murs, mais était rentrée bredouille – et vexée d'avoir donné tête baissée dans un traquenard aussi grossier. Cette fois, elle ne veut s'engager qu'à coup sûr. Le 26 janvier, elle envoie la brigade financière perquisitionner au siège de l'agence bancaire. Le même jour, elle convoque Christian Bonnard, l'ancien responsable de la cellule antiblanchiment du Crédit lyonnais, dont le nom lui avait été donné au téléphone par son correspondant anonyme. C'est un grand gaillard à la barbiche de mousquetaire et aux convictions solides. Depuis son départ à la retraite, il ne cache pas son énervement devant les scandales à répétition qui salissent le prestige de la banque d'État. Il prêche la transparence, et pas seulement dans les transactions financières. Le 26 janvier, il confirme, sur procès-verbal, avoir été destinataire, dans ses fonctions passées, d'un « signalement émanant du directeur de l'agence Maubert » selon lequel « le compte de Roland Dumas recevait régulièrement des espèces » en quantités importantes. « Pour ce qui concerne les versements d'espèces, ajoute-t-il, je crois me rappeler qu'ils étaient opérés par une dame... »

À cet instant, Eva Joly pense avoir gagné la partie. Si la « dame » est bien Christine Deviers-Joncour, comme tout semble l'indiquer, Roland Dumas est perdu. Le scénario deviendra limpide : Sirven a fait verser l'argent ; Christine a retiré des espèces ; le ministre les a encaissées sur son compte. Les preuves seront faciles à trouver. C'est pourquoi, en définitive, elle décide l'« opération » du 27 janvier. Parce qu'elle croit aux évidences.

Or, elle se trompe.

Le lendemain de la perquisition chez Roland Dumas, le quiproquo est vite levé. En questionnant les employés de l'agence du Crédit lyonnais, les policiers comprennent que la remise des sommes en liquide obéissait à un cérémonial bien établi auquel la dame de la rue de Lille était étrangère : l'argent était apporté, du cabinet de la rue de Bièvre voisin de la banque, par la collaboratrice de Roland Dumas, Stéphanie Bordier. Fille d'un ancien haut fonctionnaire colonial, vieil ami de François Mitterrand, cette avocate avait été prise sous son aile par Roland Dumas en 1968. Fragile et maladive, elle vit dans l'appartement privé de la rue de Bièvre et est entièrement dévouée au président du Conseil constitutionnel. Les témoignages des caissières de la banque font bien état d'une « deuxième femme », mais il ne s'agit pas davantage de Christine Deviers-Joncour : à chaque opération, précisent-elles, c'est par la secrétaire particulière de Roland Dumas que Stéphanie Bordier était accompagnée. Se répétait alors, dans l'huis-clos de la petite agence, une scène stupéfiante, que les employés n'auront pas oubliée, des années plus tard : « Elles sortaient de leurs sacs à main une enveloppe contenant les espèces. Nous les comptions dans un petit local [...] Les billets étaient usagés, par coupures de 500 francs... »

Ainsi se dévoile l'étrange mystère de l'agence 420, que les employés se racontaient à voix basse, entre eux, comme on garde un secret de famille : une succession de dépôts d'argent liquide enregistrés sur le compte de ce client fameux et dont le total, entre 1991 et 1996, se monte à quelque 3,3 millions de francs[1]. D'où pouvaient provenir de telles sommes ? Le personnel de la banque se l'était évidemment demandé sans jamais obtenir de réponse claire. Ministre de 1983 à 1986, puis de 1988 à 1993, Roland Dumas ne pouvait, en vertu du régime des incompatibilités légales, exercer durant ces périodes la profession d'avocat. Il ne pouvait donc s'agir d'honoraires. De 1991 à 1996, ces six années durant lesquelles se multiplièrent les dépôts, il fut d'abord ministre des Affaires étrangères jusqu'en mars 1993, puis redevint avocat jusqu'en février 1995, date à laquelle il fut nommé au Conseil constitutionnel. Or, c'est en 1992, soit à une époque où il dirigeait le Quai d'Orsay, que le compte de l'agence Maubert bénéficia d'une manne subite et inconnue. Au cours de cette seule année, il fut, à vrai dire, exclusivement alimenté par des versements d'argent liquide, dont

1. Les chiffres exacts sont les suivants : de 1991 à 1996, le compte personnel de Roland Dumas a été crédité, au total, de 9 270 730 francs, dont 3 299 500 francs ont été versés en espèces ; de 1993 à 1996, le compte de son cabinet d'avocat, ouvert dans la même agence, a été crédité de 10 783 286 francs, dont 205 500 francs ont été versés en espèces.

le montant total dépassa 2,6 millions de francs[1]. Aucun chèque ne fut encaissé, ni aucun virement inscrit au crédit. Certes, Roland Dumas disposait d'autres comptes, sur lesquels était notamment versé son traitement de ministre, proche de 460 000 francs par an. Mais les dépôts au Crédit lyonnais avaient forcément une autre origine, qui ne pouvait être professionnelle, ainsi que l'attestent leur fréquence irrégulière et leurs montants dissemblables. Leur liste donne le vertige :

Le 3 janvier 1992 : 36 500 francs. Un mois plus tard, le 3 février : 50 000 francs ; puis 40 000 francs le 12 février. Le 2 mars, 66 000 francs. Le 20 mars, premier montant important : 250 000 francs. Le 1er avril : 250 000 francs encore, et 16 000 francs le même jour. Puis, le surlendemain, de nouveau 250 000 francs. Au mois de mai, trois dépôts sont effectués : 33 000 francs, puis deux fois 500 000 francs. Le 3 juin : 114 000 francs. Le 2 juillet : 390 000 francs. Aucun versement n'est enregistré au mois d'août, mais le mouvement reprend en septembre : 36 000 francs le 2, 19 000 le 15. Le 6 octobre : 14 000 francs. Le 3 novembre : 33 000 francs. L'année s'achève avec deux derniers dépôts, de 35 500 francs le 9 décembre, et de 25 000 francs le 22 décembre...

Si les sommes étaient voyantes, le ministre, lui, ne se montrait pas. Aucun employé de l'agence Maubert ne semble l'avoir jamais rencontré.

1. Le montant exact est 2 674 000 francs.

Certains d'entre eux assurent qu'il lui arrivait aussi de passer « des commandes de fonds », mais qu'il s'adressait alors au directeur. Le client Dumas, expliquent-ils, faisait apporter des coupures de 100 ou 200 francs, qui lui étaient échangées contre des billets de 500 francs. De telles demandes posaient un problème au banquier, car l'agence ne disposait pas d'importantes réserves régulières et devait donc se faire spécialement livrer les sommes. Toujours en 1992, dans le courant du mois de juillet, l'une des cadres de la banque avait eu la stupéfaction de recevoir la visite de Stéphanie Bordier, qui avait effectué sur son propre compte un dépôt d'argent liquide d'un million de francs ! « Je l'ai immédiatement signalé à la direction, se souviendra-t-elle sobrement, car ce n'était pas tout à fait normal. » Intriguée, la même employée alla jusqu'à appeler le ministre au téléphone : « Je lui ai téléphoné pour autre chose, dira-t-elle aux enquêteurs, tout en lui posant la question de l'origine des espèces. Il m'a dit qu'elles provenaient de la vente d'une œuvre d'art... » Ajoutée à plusieurs autres remises d'espèces, la somme avait servi à l'avocate à l'acquisition d'un appartement à Paris, d'une valeur d'environ un million de francs : celui-là même auquel faisait allusion le correspondant anonyme d'Eva Joly et qui n'était donc pas celui de la rue de Lille. Là encore, il y avait eu confusion...

Mais la fausse intuition des juges a au moins ce mérite : elle jette soudain une lumière crue sur les rapports complexes qu'entretient avec l'argent l'homme qu'elles traquent depuis des semaines. Bien sûr, à l'inverse de François Mitterrand, jamais Roland Dumas ne s'est engagé dans une dénonciation radicale du système capitaliste, avec ses spéculations fructueuses, ses profits facilement engrangés. Jamais on ne l'a entendu prononcer la moindre philippique contre l'argent lui-même, « l'ennemi, le corrupteur, celui avec lequel on ne négocie pas », si fiévreusement vilipendé par l'ancien Président[1]. Au contraire, le flamboyant ministre se targuait volontiers d'une prospérité bien réelle, constituée grâce à ses talents d'« avocat d'affaires » au temps où l'expression – et la pratique qu'elle désigne – n'était pas encore en vogue. Menant et roulant grand train au volant de rutilantes voitures de sport, il jouait les dandys avec délectation, heureux de laisser entrevoir l'étendue de ses ressources. Mais, pour autant, qui aurait soupçonné d'aussi déconcertantes habitudes ?

D'autant que son aisance manifeste n'excluait pas une certaine mesquinerie. Décrivant les aspects de sa profession, il a écrit : « Nous aimons mieux faire tort à notre poche qu'à notre robe[2] » ; mais lui-même s'est souvent montré pingre avec ses collaborateurs. Un temps associé avec Jean-Marc Varaut, avocat nettement engagé à droite, mais qui disposait d'un cabinet dans les beaux

1. François Mitterrand, *Ma part de vérité*, Fayard, 1986.
2. Roland Dumas, *Les Avocats*, *op. cit.*

quartiers, proche de la place de l'Étoile, il avait exigé, au bout de quelques semaines seulement, une révision de la répartition des locaux : il avait constaté qu'il disposait de quatre mètres carrés de moins que son confrère ! En ce temps-là, les avocats lui faisaient une réputation d'avare cherchant frénétiquement à acheter « de la pierre », perpétuellement soucieux de ses fins de mois, achetant dans les ventes de l'Hôtel Drouot des ménagères en argent dont il ne savait plus que faire, comme pour se rassurer... L'accession aux plus hautes responsabilités politiques n'y a rien changé. Pour ce Limougeaud élevé dans le besoin et à la réussite étincelante, l'argent est plus que le nerf de la guerre : c'est un objet de désir.

À coup sûr, l'histoire familiale n'est pas pour rien dans cette attraction irraisonnée qui va jusqu'au besoin du contact physique. Si Roland Dumas aime l'argent, c'est de monnaie sonnante et trébuchante qu'il s'agit ou, plus précisément, comme l'époque le veut, de monnaie fiduciaire, de billets de banque soigneusement liassés. D'une enfance plutôt démunie, le futur ministre a conservé à jamais la mémoire d'un rituel émouvant et intriguant : à la fin de chaque mois, Georges Dumas, ce père tant admiré, alors modeste « vérificateur des Contributions indirectes » – c'est-à-dire fonctionnaire du Trésor –, s'asseyait au pied de l'escalier qui menait à l'étage de la demeure familiale et distribuait la totalité de son traitement à ses trois enfants. Billet après billet, sa fille et ses deux fils apportaient ensuite l'argent à leur mère [1]. Mille et une déductions pourraient être tirées de ce souvenir du passé à la lumière des découvertes du présent. Nul ne sait quelles évidences le psychanalyste Jacques Lacan, dont Roland Dumas fut l'ami et l'avocat, aurait dégagé de cette scène tant de fois répétée s'il la lui avait contée. Un demi-siècle plus tard, tous ses proches le savent, le président du Conseil constitutionnel est resté allergique aux carnets de chèques comme aux cartes de crédit sans être jamais passé pour autant pour anachronique. De sa jeunesse limousine, de la mort tragique et prématurée du père, il affirmera lui-même, pour expliquer une habitude aussi inattendue, avoir « conçu, pour le reste de [ses] jours, une hantise d'être démuni d'argent liquide [2] ».

Lorsque viendra le temps des justifications, il assurera donc avoir entassé d'importantes sommes dans ses différentes résidences, dans des coffres ou des tiroirs secrets, provenant d'honoraires d'avocat perçus plusieurs années auparavant. Il expliquera ce singulier penchant pour l'accumulation par « une sorte de mentalité de paysan [3] »…. Il n'hésitera pas non plus à confirmer avoir eu l'habitude, lorsqu'il était ministre, de conserver pour son « usage personnel » une part

1. Roland Dumas, *Le Fil et la Pelote*, *op. cit.*, p. 19.
2. Interrogatoire de Roland Dumas, 12 juin 1998.
3. Entretien avec l'auteur, 4 mars 1998.

importante des fonds secrets attribués par le gouvernement au Quai d'Orsay[1]. Mais chacun sait que ces sommes, réparties entre les différents cabinets ministériels, sont constituées de coupures neuves de 500 francs, directement issues de la Banque de France. Impossible, donc, de les confondre avec les billets « usagés » dont se souviennent les caissières de la banque. Pas plus qu'avec le contenu des « enveloppes » livrées, rue de Bièvre, à la secrétaire de Roland Dumas par ses gardes du corps. Aux premiers jours de chaque mois, racontera-t-elle, l'escorte du ministre lui apportait, sous pli fermé, la somme nécessaire au règlement des factures du cabinet d'avocat, qu'elle déposait ensuite à l'agence Maubert : « Des montants d'une moyenne de 50 000 francs », dira-t-elle, et, là aussi, « toujours en billets usagés ». Un autre compte, ouvert au CCF, était régulièrement approvisionné de la sorte – mais en quantités moins importantes – pour acquitter les factures d'électricité ou de téléphone de l'appartement du quai de Bourbon. En quelques occasions, le futur président du Conseil constitutionnel a même payé ses impôts en versant des espèces : manifestement

1. Interrogatoire de Roland Dumas, 26 juin 1998. L'ancien ministre estimera, au cours de cet interrogatoire, le montant de sa « prime » mensuelle entre 35 000 et 40 000 francs. Interrogé le 23 février précédent, son ancien chef de cabinet, Gérard Pardini, avait pour sa part assuré que Roland Dumas « s'était attribué un montant de 50 000 à 60 000 francs mensuellement » sur une « enveloppe » de 200 000 francs allouée par les services du Premier ministre.

peu commune, la pratique n'avait, apparemment, suscité aucune méfiance particulière...

Il n'en fut pas de même dans sa banque. Effrayé par la multiplication des livraisons d'argent liquide, le personnel de l'agence 420 avait donné l'alerte. « Nous étions très inquiets sur l'origine des espèces déposées sur les comptes de M. Dumas », confiera à la police l'une des caissières. Le directeur de l'établissement, lui, s'était déjà alarmé, à l'automne 1991, de l'absence totale de garanties offertes par le ministre alors que celui-ci sollicitait une « autorisation de crédit simple » – autrement dit : un découvert – de 2 millions de francs pour aider sa fille à acquérir un appartement. Obtenir l'état des revenus et du patrimoine de ce client peu ordinaire s'était révélé impossible, mais la direction du Crédit lyonnais avait tout de même autorisé l'opération. Le ministre, en fait, avait assuré que le remboursement serait l'affaire de quelques mois, le temps de vendre une pièce de sa collection : un bronze de Giacometti qu'il estimait à 4 millions de francs. Mais le remboursement tarda à venir. Lorsque Roland Dumas sollicita, au début de l'année 1992, une prorogation du crédit, la banque apprit que la sculpture n'avait toujours pas été vendue. La direction du Crédit lyonnais donna une nouvelle fois son aval. C'est alors que commencèrent les versements d'argent liquide...

Au mois de juin suivant, signalant à sa hiérarchie la résorption progressive du découvert, le responsable de l'agence Maubert attirait l'attention sur « la manière dont s'[était] régularisé le compte de M. Dumas » : « J'ai fait mon devoir en signalant à la direction centrale les mouvements très nombreux, pour de très forts montants en espèces, qui affectaient le compte de Roland Dumas », expliquera le banquier aux enquêteurs de la brigade financière. L'information parvint ainsi au service de prévention de la fraude, cette cellule spécialisée dont Eva Joly avait interrogé l'ancien chef, Christian Bonnard. Une « *note d'information* » fut alors rédigée à l'intention des douanes, mais elle ne fut jamais envoyée. La direction du Crédit lyonnais avait estimé que le texte de la loi contre le blanchiment ne visait que l'argent de la drogue, et qu'on ne pouvait former un tel soupçon à l'encontre du ministre des Affaires étrangères. Classé parmi les archives de la banque, ce document ne sera pas retrouvé par les enquêteurs : il a brûlé, comme tant d'autres, dans l'incendie qui a ravagé le siège du Crédit lyonnais, boulevard Haussman, le 5 mai 1996.

À l'arrivée des policiers, les dossiers de l'agence 420 contenaient toujours, eux, la note interne de 1991 décrivant succinctement la situation patrimoniale de Roland Dumas, sur laquelle avait été porté, à la main, ce commentaire : « Dossier échappant à toute analyse technique traditionnelle. » Une autre fiche, plus ancienne, mentionne ses différentes adresses et la liste de ses autres banques. Un employé y a ajouté une mention discrète, sans doute rédigée au temps où le président du Conseil constitutionnel n'était, pour l'agence 420, qu'un client parmi d'autres, venant en voisin, sur le conseil d'un autre voisin mieux connu – quatre mots qui en disent long sur le chemin parcouru : « Relation de M. Mitterrand ».

Ce grand déballage inattendu porte un coup sévère à Roland Dumas. Ajoutée à la diffusion des images de la perquisition, la divulgation des mouvements insolites enregistrés sur son compte est désastreuse pour son image, en ce qu'elle met au jour une dimension ignorée du personnage : l'aventurier brillant prend tout à coup des airs de vieillard cupide. C'est Casanova métamorphosé en Volpone. Il y a plus grave encore : le président du Conseil constitutionnel s'était mentalement préparé à un affrontement avec Eva Joly autour du dossier des frégates de Taiwan, et se disposait à engager une controverse sur le champ de leurs investigations. Opposer aux juges la Constitution quand on en est le gardien, cela ne manque ni d'allure ni de cohérence. Mais après de telles découvertes, comment se draper dans un orgueil d'ancien ministre ? Ce n'est plus désormais le chef de la diplomatie française qui apparaît visé, mais un politicien brassant des liasses de billets d'origine mystérieuse. Il était prêt au combat, mais le voici entraîné sur un nouveau front, surpris en terrain inconnu. En quelques heures, la saisie de ses relevés bancaires lui a fait perdre beaucoup de sa hauteur.

Les apparences, donc, sont nettement contre lui. Mais en réalité, la vague de perquisitions du 27 janvier est aussi un échec pour les juges. Eva Joly et Laurence Vichnievsky espéraient porter le coup de grâce au président du Conseil constitutionnel en démontrant les liens – qu'elles pensaient évidents – entre le compte au Crédit lyonnais de Roland Dumas et l'argent suisse de Christine Deviers-Joncour. Quarante-huit heures plus tard, elles ont compris leur erreur. Certes, c'est en 1992 que l'agence Maubert a vu défiler les sommes en espèces, et c'est également en 1992 que Christine et Miara ont perçu leur part sur la commission des frégates. Mais les registres bancaires ne révèlent aucune correspondance manifeste. De nombreux retraits ont été effectués en argent liquide sur les comptes suisses alimentés par Elf, mais leurs dates ne coïncident pas avec celles des dépôts de l'agence 420 – à une exception près : 300 000 francs ont été retirés du compte Nitram de Lugano le 17 mars 1992, trois jours avant le versement de 250 000 francs sur le compte de Roland Dumas à Paris. C'est bien peu pour étayer l'hypothèse d'un système de vases communicants entre les deux banques, donc entre les deux clients. En 1992, ils formaient peut-être un couple, mais ne faisaient pas compte commun.

L'examen des dépenses effectuées par la compagne du ministre avec sa carte de crédit d'Elf-Aquitaine International n'est guère plus fructueux. Transmise aux juges par la direction du groupe pétrolier, la liste des factures recèle bien la trace du paiement de très nombreux déjeuners, dîners et séjours hôteliers, y compris à Paris, à une époque où Christine Deviers-Joncour disposait déjà de son superbe appartement; mais les documents ne mentionnent pas avec qui elle s'y trouvait. Un seul achat, en fait, mène directement à Roland Dumas : celui d'une paire de bottines pour homme en box noir, confectionnées sur mesure chez Berluti, réglées le 29 juillet 1991, au prix de 11 000 francs. Dans les registres du célèbre bottier, le bon de commande mentionne le nom du destinataire – « M. Dumas » – et deux adresses : « Ministère des Affaires étrangères » et « Chez Mme Deviers, 4, rue Robert-Estienne ». La publication de cette petite information, dans un entrefilet de l'hebdomadaire *Le Point*[1], plonge Roland Dumas dans l'affliction. D'abord parce que ce présent malencontreux en dit plus long qu'il ne voudrait sur l'étroitesse de ses liens personnels avec Christine. Il a beau jurer lui avoir demandé de payer pour lui parce qu'elle habitait « juste à côté de la boutique » et l'avoir « remboursée quelque temps plus tard[2] », il sait bien que personne ne le croira. Ensuite, parce que cette révélation le contraint à se dévoiler encore davantage, à trahir ses faiblesses les plus intimes. « C'est un modèle orthopédique. J'ai des difficultés pour marcher. »

1. *Le Point*, 21 février 1998.
2. Entretien avec l'auteur, 4 mars 1998.

Il dit cela sur un ton d'excuse que contredit la noirceur du regard. Le bon de commande atteste qu'il dit vrai. Mais on le sent meurtri.

Pour tous ceux qui ignorent ce détail, les bottines de chez Berluti vont vite devenir un sujet de dérision. Telle est la règle du grand jeu des « affaires » : les milliards peuvent bien circuler, passer par de tortueux circuits bancaires et s'évanouir dans la nature, le citoyen, réduit au rang de spectateur, saisit au vol ce qui lui paraît concret, intelligible, palpable. Une villa sur la Côte d'azur, une voiture de sport ou une piscine frappent davantage qu'une masse de fonds aux multiples zéros détournés vers des sociétés aux Bermudes. Dans un pays où le salaire moyen reste inférieur à 9 000 francs par mois, une paire de chaussures à 11 000 francs apparaît comme un signe extérieur de richesse confinant à la provocation. Surtout lorsque la facture en a été acquittée avec de l'argent public.

C'est aussi une aubaine pour les humoristes et les dessinateurs. Jamais talon d'Achille n'aura été mieux symbolisé. Revient en mémoire le plaidoyer maladroit de Pierre Joxe en faveur de Pierre Bérégovoy, en 1988, aux premières heures de l'affaire Pechiney et de ses délits d'initiés : « Pierre Bérégovoy est un ancien mécano, avait lancé le ministre de l'Intérieur. S'est-il enrichi ? Allez voir son appartement, ses meubles, regardez ses complets, ses chaussures, ses chaussettes ! Pourquoi cherche-t-on à le déshonorer ? » Une défense à double tranchant qui avait humilié le futur Premier ministre au point de l'inciter à changer sa garde-robe. Les caricaturistes, eux, s'en étaient donné à cœur joie, ne ratant pas une occasion de l'affubler de chaussettes tire-bouchonnées. Quant à son logement, on sait qu'il devait lui porter malheur : cinq ans plus tard, pris au piège d'une autre affaire – celle qui avait précisément mis en lumière les conditions d'achat de son appartement, grâce à un prêt sans intérêt consenti par Roger-Patrice Pelat –, Pierre Bérégovoy s'était laissé sombrer. Au lendemain de la défaite électorale de 1993, lors de l'ultime Conseil des ministres, Roland Dumas l'avait entendu lui murmurer à l'oreille : « Ils ne me lâcheront pas ! Ils ne me lâcheront pas[1] ! »

1. Cité par Charles Villeneuve, dans *Les Liaisons dangereuses de Pierre Bérégovoy*, Plon, 1993, p. 133.

CHAPITRE SEPTIÈME

L'intouchable

Ce fut une rencontre au sommet.

Le vendredi 6 mars 1998, en début de soirée, au palais de l'Élysée, Roland Dumas rendait visite à Jacques Chirac. Le président de la République recevait le président du Conseil constitutionnel pour un « entretien privé », comme l'indique dans ces circonstances le langage protocolaire. En d'autres termes, ils se parlèrent sans témoin. D'homme à homme. Et d'institution à institution.

Du sujet de leur conversation, rien ne filtra jusqu'au lendemain. Le samedi après-midi, *Le Monde* annonçait qu'après des semaines de suspense, Roland Dumas avait été convoqué par les juges afin d'être mis en examen, et qu'il avait fait part de cette nouvelle au chef de l'État[1]. Quelle avait été la réaction de Jacques Chirac ? « Je ne commente jamais mes entretiens avec le président de la République », avait-il sèchement répondu à

1. *Le Monde*, 8-9 mars 1998.

Edwy Plenel, directeur de la rédaction du *Monde*. Il fallut attendre le lundi pour en apprendre davantage. Dans un long entretien accordé au *Figaro*, Roland Dumas proclamait son innocence, et affirmait avoir reçu le soutien implicite du Président pour se maintenir en fonctions : « Le président de la République, disait-il, considère que le président du Conseil constitutionnel, comme tout citoyen, a droit à la présomption d'innocence. Y compris dans le cas d'une mise en examen, qui ne vaut pas condamnation[1]. » Le même jour, pour tout commentaire, un communiqué de l'Élysée confirmait « l'attachement du président de la République au respect de la présomption d'innocence ». Si un pacte avait été conclu entre le Président et son illustre visiteur, c'était assurément un pacte de silence.

Les deux hommes, pourtant, ne s'aiment guère. Et cela remonte loin. En 1966, lorsque Roland Dumas fait son retour à l'Assemblée nationale, c'est après avoir défait, chez lui, le député maire de Brive, Jean Charbonnel, alors l'un des jeunes loups du gouvernement Pompidou. Jacques Chirac, qui appartient aussi à cette bande, est élu dans une circonscription voisine, à Ussel – dont il fera, pour l'avenir, sa terre d'élection. C'est là qu'en 1972, *L'Humanité*, puis *Le Canard enchaîné* le découvrent propriétaire d'un joli petit château, acheté pour

1. *Le Figaro*, 9 mars 1998. Entretien recueilli par Jean-Alphonse Richard.

60 000 francs, aussitôt classé monument historique, et à ce titre rénové aux frais de l'État par le biais des déductions fiscales. L'hebdomadaire satirique a baptisé le donjon miniature « Château-Chirac ». Le futur Président est alors ministre des Relations avec le Parlement dans le gouvernement de Jacques Chaban-Delmas. Il demande son aide au député Dumas, qui est aussi l'avocat du *Canard* : ne pourrait-il plaider sa cause auprès des journalistes ? Le mercredi suivant, l'hebdomadaire relate l'intervention du châtelain. Chirac est furieux. En fait, cette trahison scelle l'opinion qu'il s'était faite, un an plus tôt, de Roland Dumas : celle d'un avocat roué et déloyal, qui avait compté parmi les inspirateurs du scandale de l'affaire Markovic, ce fait divers sordide qui aurait pu compromettre la réputation de Georges Pompidou et lui barrer la route de l'Élysée. Après son élection, en 1969, Pompidou avait dit : « Rien ne sera pardonné. » Et ses proches n'ont pas été plus oublieux.

Quels étaient les faits ? Le 1er octobre 1968, le cadavre d'un jeune Yougoslave, Stephan Markovic, était découvert dans un sac en plastique, sur une décharge publique des Yvelines. La victime avait été le garde du corps d'Alain Delon. Avant de mourir, il avait écrit à son frère pour le prévenir qu'il était sur « un coup » qui lui apporterait la fortune. De quoi s'agissait-il ? Impossible de le savoir. Jusqu'au témoignage d'un autre Yougoslave, un dénommé Akow. Purgeant une peine de prison à Fresnes, ce dernier écrit une lettre dans laquelle il assure que Markovic avait été le témoin de soirées libertines auxquelles prenaient part de très hautes personnalités. Parmi celles-ci, il cite le nom de M. et Mme Pompidou. Dès lors se fait jour l'hypothèse d'un chantage qui aurait mal tourné, et l'enquête emprunte les sentiers escarpés de la politique. Congédié par de Gaulle après la bourrasque de mai 1968, Pompidou attend son heure. Mais les barons gaullistes veulent sa perte. Ni René Capitant, le garde des Sceaux, ni Maurice Couve de Murville, le Premier ministre, ne le préviennent de ce qui se prépare. Mais on envoie un juge consigner les déclarations d'Akow sur procès-verbal. Peu après, les rumeurs commencent à circuler…

Roland Dumas, lui, a été choisi pour défenseur par le frère de Markovic, qui s'est constitué partie civile. Ce choix n'est pas neutre : avocat de talent, Roland Dumas est alors en outre l'un des plus proches assistants de François Mitterrand – et ce dernier l'un des leaders de l'opposition socialiste. L'engagement militant de Roland Dumas est de notoriété publique. Il y a quelques mois à peine, il était encore vice-président de l'Assemblée. Il est aussi, on le sait, le conseil du *Canard enchaîné* qui n'aime rien tant que les beaux scandales dérangeants, surtout lorsqu'ils sapent le régime gaulliste finissant. Ce profil d'avocat politique et médiatique fera de lui l'un des suspects lorsque des détails extraits de la procédure vont courir

Paris, parfois illustrés de photomontages grossiers dont certains attribueront la paternité à des agents des services secrets. Soyons juste, il n'était pas le seul à encourir le soupçon : plusieurs avocats d'extrême droite connus, eux aussi viscéralement antigaullistes, s'étaient intéressés au dossier.

Dans ses mémoires publiés en 1996, Roland Dumas se défend d'avoir pris part à la machination contre les Pompidou ; il accumule les détails, de dates et de faits, pour démontrer son innocence dans la campagne de calomnies, rappelant qu'il avait publiquement fait part de son opinion sur l'affaire, à savoir que le couple présidentiel y était étranger[1]. Mais c'était, il est vrai, après la clôture du dossier d'instruction, qui fut refermé sur un non-lieu sans que les assassins aient été identifiés. Dans sa monographie consacrée aux avocats et publiée en 1977, la même cause avait inspiré à Roland Dumas un tout autre discours : « Dans l'affaire Markovic, écrivait-il, mon mobile était d'un ordre que je dirai républicain. On ne peut, au nom de la raison d'État, interdire au pouvoir judiciaire de faire son devoir ; quelles que soient les personnes en cause, rois, ministres, grandes vedettes, on n'a pas le droit d'étouffer une affaire. Mon acharnement vient de là... Un meurtre, un cadavre. On a des preuves, en tout cas des quasi-certitudes. Si l'on fait obstacle au cours de la justice sous prétexte que les gens en cause sont

1. *Le Fil et la Pelote*, *op. cit.*, p. 180 et 181.

plus intéressants que la victime, c'est la négation de toute égalité devant la loi, la reconnaissance du droit qu'a le plus fort de tuer[1]. » Que cette version du rôle de l'avocat dans l'affaire qui avait tant meurtri leur « patron » fût la bonne, les amis de Georges Pompidou n'en ont jamais douté. Et au premier rang d'entre eux, Jacques Chirac.

C'est donc à ce même homme, devenu à son tour président de la République, que Roland Dumas a confié son mauvais sort le 6 mars 1998. Non pour quêter une quelconque compassion : entre les deux hommes, les sentiments sont sans doute restés les mêmes. Mais leur situation, elle, a changé. Entre le dernier compagnon de François Mitterrand et son successeur, l'expérience de l'affrontement politique, avec ses victoires et ses défaites, ses espoirs et ses désillusions, a créé, sinon une complicité, du moins une forme de compréhension. À fréquenter depuis tant d'années les sommets de l'État, ces deux randonneurs aguerris se sont croisés bien souvent à une altitude où les promeneurs sont rares. Les voici désormais installés aux plus hautes responsabilités. Ils n'ont d'autre ambition que de s'y maintenir. Plus encore que l'âge – Jacques Chirac a dix ans de moins que Roland Dumas –, la carrière les a rapprochés. Le 17 mai 1995, après l'accession du chef du RPR à la présidence de la République, c'est le président du Conseil constitutionnel qui l'a officiellement

1. *Les Avocats*, *op. cit.*, p. 224.

installé dans ses nouvelles fonctions au cours d'une brève cérémonie, dans la salle des fêtes de l'Élysée. Le nouveau chef de l'État a alors rendu hommage à son prédécesseur. Roland Dumas a estimé que « les Français ont été heureusement impressionnés par les conditions dans lesquelles a été transmis l'exercice de la responsabilité présidentielle ». Remise des insignes, poignées de mains, photographies : scènes de représentation d'une vie démocratique apaisée où les adversaires se respectent à force de s'être opposés.

Un détail, depuis lors, a été passé sous silence. Au terme de la campagne présidentielle, le Conseil constitutionnel avait été saisi, comme la loi le prévoit, de l'examen des comptes de tous les candidats. À la lecture de ceux déposés par Jacques Chirac et par Édouard Balladur, les fonctionnaires du Conseil chargés de cette tâche avaient soulevé d'importantes objections, constatant que leurs dépenses avaient été minorées de plusieurs millions de francs sous des prétextes divers. À ce niveau, pouvait-on remettre en cause la décision du suffrage universel pour une querelle de chiffres ? Non. Mais la haute juridiction a le pouvoir de « rejeter » officiellement le compte d'un candidat, lui infligeant ainsi une sanction politique tout en le privant après coup de l'aide apportée par l'État au financement des campagnes. Une phase de négociations discrètes s'était alors engagée entre le Pavillon Montpensier, siège du Conseil, et les états-majors des deux candidats de droite, dont l'un était déjà élu... Il s'agissait de les aider à établir une nouvelle version – irréprochable – de leurs comptes respectifs, de sorte que le Conseil constitutionnel puisse les valider. Certains fonctionnaires avaient traîné les pieds. Mais les comptes furent rétablis, puis certifiés, au mois d'octobre 1995[1]. De cette période d'incertitude durant laquelle il avait pu manifester sa force en se montrant magnanime, Roland Dumas a conservé, comme en souvenir, la première version des comptes litigieux. Deux documents qui, officiellement, n'existent pas, mais qui se trouvaient bien dans son coffre, le 27 janvier, jour de la perquisition... Une façon de montrer aux juges dans quel monde elles s'aventuraient. Et sans doute de leur faire comprendre ceci : si elles ne veulent pas, pour des

1. Une fois les chiffres « rétablis », le compte de campagne de Jacques Chirac n'était inférieur au plafond de dépenses autorisé (120 millions de francs) que de 40000 francs. Édouard Balladur, absent du second tour, devait rester en deçà d'une limite de 90 millions de francs. Ses dépenses ont été inférieures à cette somme de 223000 francs. Lionel Jospin, lui, avait dépensé 88 millions de francs. Commentant ces chiffres, publiés au *Journal officiel* du 12 octobre 1995, le journaliste Thierry Bréhier, observateur attentif du Conseil constitutionnel, écrivait dans *Le Monde* : « En calculant au plus juste, les membres du Conseil se sont évité une décision très lourde politiquement, un conflit délicat avec le nouveau pouvoir pour leur institution. » Évoquant la possibilité légale de sanctions contre les candidats, il ajoutait : « Les décisions que vient de rendre le Conseil obligent à se demander si ses membres n'ont pas hésité à franchir ce pas. »

raisons tactiques, affronter le ministre qu'il fut, elles trouveront néanmoins sur leur route le président du Conseil constitutionnel qu'il est – et qu'il entend bien rester.

Jacques Chirac ne s'y opposera pas. Au-delà des hautes charges et des petits secrets, quelque chose de plus fort le lie à Roland Dumas à l'instant où celui-ci semble pris au piège : une solidarité de la crainte. Car la menace judiciaire n'épargne plus personne dans un pays où le financement clandestin de la vie politique, longtemps toléré, a favorisé le développement de la corruption. Fondateur d'un parti – le RPR – qu'il a dirigé pendant près de vingt ans, le président de la République pourrait difficilement prétendre avoir ignoré ce que des juges d'instruction y découvrent aujourd'hui. Maire de Paris de 1977 à 1995, il ne peut davantage rester indifférent aux multiples enquêtes lancées à travers la capitale, même lorsque les actions des juges semblent se concentrer sur son successeur, Jean Tiberi. Certes, le chef de l'État reste sous la meilleure des protections : celle de la Constitution, qui exclut *a priori* sa mise en accusation, sauf en cas de haute trahison. Au temps où les socialistes redoutaient les investigations du magistrat rennais Renaud Van Ruymbeke, un vieux règlement avait en outre été exhumé, qui fait du palais de l'Élysée une place militaire. Aucun juge ne peut donc prétendre y mener une perquisition. Mais face à la montée des « affaires », à l'exigence de transparence toujours plus grande des citoyens et – surtout – à la pugnacité des juges, combien de temps ces digues du droit pourront-elles tenir ?

Tel est le paradoxe du système institutionnel français où persiste la tendance monarchique : le Président y est tenu pour responsable de tout, mais il n'est – pénalement – responsable de rien... C'est pourquoi chacun a intérêt à se revendiquer de lui ou de son service, dans l'espoir de bénéficier d'une parcelle de son inviolabilité – mais au risque de concentrer sur l'Élysée toute la vindicte judiciaire accumulée. Excédé par une série de révélations sur sa gestion et les faveurs consenties à son épouse, le maire de Paris, Jean Tiberi, a tiré de cette pratique une conclusion saisissante, tant elle est caricaturale : « Il y a une opération de déstabilisation globale qui inclut le président de la République [...]. J'ai été élu et je resterai maire de Paris. J'en ai la conviction. Je suis intouchable[1]... » Qu'importe que son entourage ait expliqué, immédiatement après cette déclaration provocante, que Jean Tiberi – magistrat de formation – n'avait pas voulu dire ce qu'il semblait avoir dit, et qu'il fallait, dans son propos, entendre « insoupçonnable » plutôt qu'« intouchable »... Le mal était fait, et chacun put constater que le maire de Paris, à sa manière benoîte, n'avait pas tout à fait tort. En dépit des évidences additionnées, nul ne l'a prié de démissionner : ni le Président, ce qui

1. *Europe 1*, 19 mai 1998.

se comprend, ni même l'opposition socialiste au conseil de Paris, ce qui se comprend moins. « Intouchable », avait-il dit.

Certes, Jean Tiberi n'a pas été mis en examen, et Roland Dumas, lui, le sera bientôt. Mais, dans leurs positions respectives, l'ancien magistrat et le juge suprême incarnent les deux derniers obstacles sur un chemin qui peut conduire les juges jusqu'à l'Élysée. La mise en cause du premier vaudrait reconnaissance de pratiques illicites dans la ville dont Jacques Chirac fut le maire tout-puissant. La mise en accusation du second consacrerait la fin d'une prédominance du politique sur le judiciaire, exposant le chef de l'État en personne aux coups portés par la justice. En réservant la primeur de sa convocation à Jacques Chirac, c'est aussi cela que Roland Dumas a voulu signifier : si le président du Conseil constitutionnel est déposé parce que deux magistrates le pourchassent, plus personne ne sera à l'abri. Il n'y aura plus d'intouchables.

« Le point est de se maintenir dans son autorité. » De ce principe recommandé au Prince par Machiavel, François Mitterrand avait fait une règle essentielle de sa philosophie personnelle, un précepte que l'on pourrait traduire ainsi : « Ne jamais démissionner. » En 1992, il fallut l'insistance de Pierre Bérégovoy, alors Premier ministre, pour le convaincre d'écarter Bernard

Tapie du gouvernement après ses premiers démêlés judiciaires[1]. Le Président ne voulait pas de ce départ forcé. Hanté par le souvenir de sa mise en accusation dans l'affaire de l'Observatoire, François Mitterrand détestait l'idée que le judiciaire pût en aucune manière s'imposer à l'exécutif. La morale était étrangère à ce débat : pour lui, c'était une question de pouvoir. Locataire de l'Élysée, il saisit souvent l'occasion d'afficher son soutien à tel ou tel personnage menacé par la justice. On le vit serrer la main du même Bernard Tapie au plus fort de l'enquête sur le match truqué OM-Valenciennes, louer les états de service de l'ex-gendarme Christian Prouteau, chef de la funeste « cellule » antiterroriste de l'Élysée, ou encore prodiguer ses encouragements à Henri Emmanuelli, jugé responsable du financement occulte du PS par le bureau d'études Urba Gracco. S'il était encore là, nul doute qu'il aurait eu quelques mots en faveur de l'« ami Roland »...

Cette règle de vie politique, il y a longtemps que Roland Dumas l'a faite sienne. C'est sûrement la seule leçon de maintien qu'il ait jamais suivie. Un joueur ne quitte pas la table avant la fin de la partie. Le pouvoir conquis ne s'abandonne pas. Il l'avait dit, au printemps 1993, à Jacques Attali, l'ancien conseiller de François Mitterrand dont la

1. Il s'agissait du différend qui l'opposait à son ancien associé, l'ex-député (RPR) Georges Tranchant. Bernard Tapie avait été mis en examen, avant d'obtenir un non-lieu après avoir conclu un arrangement financier avec son adversaire.

gestion dispendieuse à la tête de la Banque européenne pour la Reconstruction et le Développement (BERD) était férocement attaquée par la presse britannique. Encore le conseil n'était-il pas totalement désintéressé : l'ancien sherpa devenu banquier lui avait promis un fauteuil de « conseiller spécial » à ses côtés, puisqu'il venait de perdre son siège de député. Mais Jacques Attali avait cédé à la pression et donné sa démission. Ministre des Affaires étrangères, Roland Dumas avait lui-même été fortement secoué, l'année précédente, par la révélation de la présence à Paris de l'ancien terroriste palestinien Georges Habache, venu subir des examens médicaux avec l'assentiment du Quai d'Orsay. Sans convaincre, il avait affirmé avoir été tenu dans l'ignorance par ses propres collaborateurs, dont les deux plus éminents[1] furent aussitôt limogés. Plusieurs députés de droite, mais aussi Michel Rocard, avaient alors publiquement réclamé sa démission. « Pourquoi démissionnerais-je ? avait-il répondu. Croyez-vous vraiment que je réponds au premier coup de sonnette de ces messieurs ? Je n'obéis qu'aux injonctions de ma conscience et à la volonté du président de la République[2]. » En bon mitterrandiste, il était donc resté. Comme il était déjà resté, en 1986, à la présidence de la

1. Le directeur de son cabinet, Bernard Kessedjian, et le secrétaire général du Quai d'Orsay, François Scheer.

2. Le 3 février 1992, devant la commission des Affaires étrangères de l'Assemblée nationale.

commission des Affaires étrangères de l'Assemblée nationale, où il avait été élu par surprise grâce à l'apport de plusieurs voix du Front national. Faisant fi des prescriptions de la direction du PS, qui affirmait au même moment qu'aucun socialiste n'accepterait un mandat acquis avec l'aide de l'extrême-droite, il s'était contenté d'« enregistrer » les suffrages qui s'étaient portés sur son nom, pour savourer sans pudeur ce succès inattendu, obtenu au mépris de l'éthique et de la discipline de parti.

Se maintenir, donc. Tenir bon. Pour cela, endurer les souffrances. Supporter les critiques. Roland Dumas y est prêt. Autour de lui s'instaure un consensus hypocrite. « C'est à lui de savoir ce qu'il a à faire », dit François Hollande, premier secrétaire du PS, qui est aussi l'un des principaux lieutenants de Lionel Jospin. Évoquant les soupçons formés à l'encontre de Roland Dumas, Philippe Séguin, le chef du RPR, établit cette étonnante nuance : « S'il est coupable, c'est très grave. S'il n'est pas coupable, c'est encore plus grave. » Ainsi, si les mots ont un sens, cela signifie qu'une erreur des juges d'instruction porterait un préjudice plus lourd au crédit des institutions que la compromission du président du Conseil constitutionnel en personne dans une affaire de détournement de fonds... Chacun est libre d'apprécier. Aucun responsable politique ne conteste, en tout cas, la liberté de choix de Roland Dumas – comme si, finalement, la charge qu'il occupe lui appartenait en pleine propriété. Invoqué à contresens, l'estimable principe de la « présomption d'innocence » fait du Conseil constitutionnel un rempart érigé autour de son président, une forteresse inexpugnable où il se sent à l'abri. La grandeur n'aurait-elle pas consisté, à l'inverse, à déserter la place pour préserver l'institution d'une suspicion qui ne vise que lui seul ? Il n'en a cure. Après l'épreuve de la perquisition, on l'a vu dans les couloirs du Palais-Royal, s'efforçant de dissimuler son trouble, d'apparaître combatif : « On veut ma peau, disait-il, je me défendrai. Pour l'instant, il faut faire le gros dos[1]. »

L'éminence du Conseil constitutionnel tient à un paradoxe : ses neuf membres sont nommés par le pouvoir politique[2], mais ils ont vocation à s'en montrer indépendants. Leur rôle d'arbitres impose un devoir de neutralité. Dressant un bilan élogieux de la présidence de Robert Badinter, un professeur de droit public, Dominique Rousseau, a souligné « la force constitutive du rite de passage pour celui qui entre au Conseil ». Ce rite, affirme-t-il, « rompt le cercle des intérêts antérieurement constitués ; fait prendre en charge l'histoire et les intérêts du

1. Propos rapporté par Thierry Bréhier dans *Le Monde*, 29 janvier 1998.

2. Le Conseil constitutionnel est composé de neuf membres. Trois sont nommés par le président de l'Assemblée nationale, trois par le président du Sénat, trois – dont le président – par le Président de la République. Leur mandat est de neuf ans.

Conseil par le nouvel élu ; assigne une nouvelle représentation de soi qui oblige à s'y conformer ; investit, au sens militaire du terme, la personne, la vide de sa substance et la remplit du rôle de juge[1] ». Mais cette distance propre à la fonction, qu'avait su trouver son prédécesseur, juriste austère et prestigieux, qui pourrait prétendre l'apercevoir encore chez Roland Dumas lorsque celui-ci paraît trahi par ses fréquentations, talonné par son passé ? « Aux yeux de certains, le soupçon va également se porter sur les décisions du Conseil constitutionnel », avait donc prévenu Philippe Séguin[2] en feignant de le déplorer. Quelques semaines plus tard, les neuf sages rendront un surprenant verdict sur l'élection contestée du député du cinquième arrondissement : Jean Tiberi – encore lui.

Se fondant sur les recoupements effectués par des journalistes du *Canard enchaîné*, l'adversaire socialiste du maire de Paris, Lyne Cohen-Solal, dénonçait la falsification des listes électorales et réclamait l'annulation du scrutin. Après instruction du dossier, le Conseil constitutionnel confirma la mise en lumière de « faits graves et répétés », et considéra que ces irrégularités suffisaient à « accréditer l'existence d'une manœuvre dans l'élaboration des listes[3] » Plus

1. Cf. Dominique Rousseau, *Sur le Conseil constitutionnel, la doctrine Badinter et la démocratie*, Descartes et Cie, 1997, p. 37.
2. Sur *TF1*, 29 janvier 1998.
3. Décision du Conseil constitutionnel du 20 février 1998.

précis encore, l'arrêt détaillait les différentes catégories d'électeurs frauduleusement inscrits dans la circonscription, et résumait : « Ces constatations ne sont explicables, pour beaucoup d'entre elles, qu'en raison des agissements ou de l'inaction d'organismes liés à la mairie de Paris ou à celle du cinquième arrondissement, ou encore en raison du comportement de personnes liées ou apparentées au candidat élu. » Les attendus étaient sévères. La décision, pourtant, fut clémente. Au terme de savants calculs algébriques, les sages estimèrent en effet que le nombre d'électeurs « fantômes » était probablement inférieur au nombre de suffrages qui séparaient Jean Tiberi de sa rivale socialiste au soir de l'élection. « Aussi condamnable soit-elle, concluait l'arrêt, la manœuvre n'a pas pu inverser le résultat du scrutin », induisant ainsi une morale pour le moins curieuse : une tentative de tricherie n'est pas sanctionnée dès lors qu'elle s'est révélée superflue... Le maire de Paris, décidément « intouchable », sauva son mandat.

Dans le même temps, les neuf sages confirmaient aussi l'élection de plusieurs personnalités de gauche – dont un ministre, Catherine Trautmann, et le secrétaire général du PC, Robert Hue. En marge des travaux du Conseil, certains témoignages faisaient état de séances tendues, de discussions houleuses. Parmi tous les recours jugés « sensibles », un seul donna lieu à une annulation : celui formé contre le député du Front national Jean-Marie Le Chevallier. Ce n'est pas confondre la conséquence avec la cause que de le relever : en bonne logique, le parti d'extrême droite fut le seul à critiquer le Conseil constitutionnel à l'aune des malheurs de son président[1]. La crise, la vraie, fut évitée de justesse lors de l'examen du recours déposé contre l'élection, à Paris, du député (UDF) Laurent Dominati. Le 31 janvier, soit quatre jours après l'intrusion des juges dans ses appartements, Roland Dumas avait dû s'abstenir de participer à la délibération, la requête émanant d'une de ses proches, Dominique Bertinotti, candidate socialiste mais surtout secrétaire générale de l'Institut François-Mitterrand dont il est le président. En son absence, les huit sages se divisèrent en deux camps d'égale force sur le sort à réserver à l'élu contesté, également suspecté d'avoir bénéficié d'inscriptions excessives sur les listes électorales de son arrondissement. À l'issue d'une semaine de réflexion et d'une seconde délibération, le Conseil diminué valida aussi ce scrutin-là.

Pour Roland Dumas, cette abstention forcée était un mauvais coup supplémentaire : elle rendait éclatantes les contradictions de l'homme,

1. « J'ai été jugé par le Conseil constitutionnel et par Roland Dumas, qui ne paraît pas être le mieux placé en ce moment pour lancer de pareilles sanctions », avait déclaré Jean-Marie Le Chevallier après l'annonce de son invalidation, assortie d'une inéligibilité d'un an.

empêtré dans la confusion des genres qu'il a toujours pratiquée. Et elle intervenait au moment où il avait plus que jamais besoin de camper le personnage d'un arbitre impartial, pour démontrer l'inanité des charges retenues à son encontre. Le plus cruel de l'histoire est que la cause de cette déconvenue eût été l'Institut François-Mitterrand. Après avoir tant fait pour s'imposer en gardien de la mémoire de l'ancien Président, c'était comme si le poids de l'héritage l'entraînait subitement par le fond. Dans les derniers mois de la vie de François Mitterrand, Roland Dumas lui avait à plusieurs reprises fait valoir ses états de service en matière de successions prestigieuses, lui qui fut l'exécuteur testamentaire de Picasso, de Lacan et d'Annette Giacometti, la veuve du sculpteur. Le vieux Président lui préféra André Rousselet, son premier directeur de cabinet à l'Élysée, fondateur de la chaîne Canal +, homme d'affaires et de confiance également avisé, mais infiniment plus discret. À son ancien ministre des Affaires étrangères, François Mitterrand avait en revanche confié la mission d'entretenir son souvenir au travers d'une fondation qui serait dépositaire de ses archives personnelles. De cette idée est né l'Institut François-Mitterrand, inauguré en 1996, que préside Roland Dumas et au sein duquel siège en bonne place sa fille Mazarine. Détentrice du « droit moral » sur les écrits de son père, la jeune fille a défini, dès sa création, le rôle de l'établissement comme celui d'« un espace de rigueur, un contrepoids qui permettra d'inscrire l'œuvre de [son] père dans l'Histoire[1] ». Aussi l'institut se réserve-t-il le droit de refuser à certains chercheurs l'accès à des documents dont la logique – et la coutume – auraient voulu qu'ils fussent déposés aux Archives nationales[2]. « Il faut expliquer notre politique, et il vaut mieux que cela soit fait par nous que par nos adversaires », aurait dit l'ancien Président avant sa mort[3]. Ses héritiers semblent en avoir déduit une forme de privatisation de la mémoire publique. Appropriation toute mitterrandienne dont Roland Dumas va lui aussi user pour assurer sa défense.

Est-ce un coup de bluff ou un secret d'État ? Le 9 mars, quarante-huit heures après la révélation de sa mise en examen programmée, le long entretien

1. *Paris Match*, 6 juin 1996.

2. Les archives du général de Gaulle et de Georges Pompidou ont été partiellement versées par leurs héritiers aux Archives nationales plusieurs années après la fin de leurs mandats respectifs. Valéry Giscard d'Estaing a déposé les siennes dès 1981, mais à titre privé. Peu après l'élection de François Mitterrand, des dispositions réglementaires ont été prises pour permettre la constitution d'un fonds d'archives présidentielles. À partir de 1991, le Président avait toutefois appelé auprès de lui Dominique Bertinotti, qu'il avait chargée de travaux historiques ainsi que de la collecte de certaines archives considérées comme « personnelles ». La classification de ces documents a fait l'objet d'une polémique entre l'institut et plusieurs archivistes.

3. Propos rapporté par Roland Dumas dans *Paris Match*, 6 juin 1996.

qu'il accorde au *Figaro*[1] n'est pas seulement la plaidoirie de l'avocat Roland Dumas en sa propre faveur. Bien sûr, elle contient quelques effets de manche : il dénonce « une opération politique d'envergure visant à détruire l'héritage de François Mitterrand et tout ce qui s'y rattache », il jure son innocence, « serment à l'appui », se dit « blessé et humilié »... Mais c'est aussi l'amorce d'une contre-attaque cinglante. Répondant à une question sur l'affaire des frégates taiwanaises, il répond par l'insinuation et la menace :

« J'ai toujours entendu dire qu'en matière d'industrie lourde, d'armement ou de travaux publics, des commissions énormes étaient versées à des gens importants. Tout cela doit figurer dans les archives officielles. Cela étant dit, le ministre des Affaires étrangères n'était en rien concerné par la question des commissions chez Elf ou dans d'autres groupes. Cela relevait tout à la fois de la présidence de la République et du ministère des Finances – plus précisément de l'administration du Budget [...] Sur l'affaire de Taiwan, je peux simplement indiquer qu'une commission d'un montant bien plus élevé que ceux déjà annoncés çà et là, a été versée à la fin de l'année 1991 avec l'autorisation du ministère des Finances et celle de la Présidence [...] C'était de l'ordre de 500 millions de dollars, soit 2,5 milliards de francs environ. Les noms des bénéficiaires, qu'il ne m'appartient pas

1. *Le Figaro*, 9 mars 1998, art. cité.

de dévoiler ici, sont mentionnés dans un document concernant cet épisode. »

Rarement tentative de chantage aura été exercée aussi ouvertement, avec l'opinion pour témoin. Négociée avec le directeur de la rédaction du *Figaro*, Franz-Olivier Giesbert, l'interview a été soigneusement relue et corrigée par le président du Conseil constitutionnel. Il en a pesé chaque mot. La menace qu'il brandit n'est pas l'expression d'une colère incontrôlée. C'est la réplique d'un politicien d'expérience, maître de lui, prêt à se servir de toutes les armes qui lui restent, quitte à déchaîner les vents du scandale. « Ce n'est pas une défense d'innocent », ricane Eva Joly devant les avocats. De fait, a-t-on jamais vu un ministre des Affaires étrangères évoquer publiquement de telles opérations, assorties de précisions chiffrées ? Certes, il prétend n'avoir pas eu connaissance de l'existence de telles commissions dans le cadre de ses attributions ministérielles, mais en faisant « [sa] propre enquête ». Cela n'abuse guère : le ministre du Budget de l'époque, dont il assure qu'il était informé, était Michel Charasse, l'un des rares socialistes à se battre ouvertement à ses côtés. Michel Charasse qui répète depuis des semaines à qui veut l'entendre que « Roland n'a rien fait », mais qu'il en connaît d'autres qui…

D'où sortent ces chiffres ? Qui ont été les bénéficiaires de ces commissions ? Des partis politiques ? Des ministres ? De gauche ? De droite ? L'efficacité de la riposte tient à ce qu'elle suscite davantage de questions qu'elle n'apporte de réponses. Une chose est sûre : si le « document » dont parle Roland Dumas est une pièce officielle, versée à ce titre à l'administration des Douanes – dépendant du ministère du Budget, il ne saurait en aucun cas mentionner les noms de personnalités françaises puisque tel est précisément le but de cette procédure : obliger les entreprises à signaler la destination de leurs versements en s'engageant à ce qu'aucune fraction des sommes ne revienne en France. Mais, derrière les apparences et le formalisme, nul n'ignore qu'existent des zones grises qui échappent aux regards. C'est peut-être là, dans l'un de ces *no man's land* juridiques par où passent les dessous de table versés par les grandes sociétés françaises, que l'ancien ministre a puisé ses informations.

Les montants qu'il évoque, eux, sont ahurissants. Le contrat des frégates de l'« opération Bravo », on le sait, a rapporté 14,6 milliards de francs à Thomson et à la DCN. Comment imaginer que près d'un sixième de la somme ait pu être versé sous forme de commissions occultes quand les tarifs pratiqués sur ces marchés dépassent rarement un dixième ? Peut-être Roland Dumas a-t-il additionné les pourcentages convenus en marge des deux grands contrats successifs conclus avec Taiwan : la vente des frégates et celle, plus fructueuse encore, des Mirage 2000. L'hypothèse est émise par les connaisseurs. Cette imprécision possède un avantage évident : elle relativise sensiblement l'importance des sommes captées par Christine Deviers-Joncour – sans parler du prix des bottines de chez Berluti ! Elle laisse aussi entrevoir qu'en marge des grandes ventes de matériel militaire, la vénalité n'est pas l'apanage de quelques épigones sans scrupules, mais qu'elle fait pour ainsi dire partie des usages. La silhouette du président du Conseil constitutionnel peut ainsi disparaître derrière un épais rideau de fumée.

Dans la longue geste mitterrandienne dont Roland Dumas est un acteur autant qu'un témoin, cette riposte vengeresse et menaçante comporte un précédent. Il remonte au temps de l'Observatoire, c'est-à-dire au début de la Ve République. Les faits sont connus : un « attentat » avait été commis contre François Mitterrand par un ancien député d'extrême droite nommé Robert Pesquet. En réalité, les deux hommes étaient de mèche, et l'agression un simulacre. Pesquet avait dit à sa « victime » qu'il avait été chargé de l'assassiner mais se refusait à le faire ; une mise en scène lui permettrait d'éviter les représailles de ses commanditaires. Espérant sans doute tirer un bénéfice politique de l'attentat, François Mitterrand était tombé dans le piège. Lorsque Pesquet avait révélé le montage, le futur Président s'était trouvé ridiculisé, déshonoré, puis poursuivi en justice. Le scandale, retentissant, nourrit les titres des grands journaux parisiens. Très vite, ce ne fut plus l'affaire de l'Observatoire, mais l'« affaire Mitterrand ». Passé les heures de désespoir, ce dernier retrouva le goût du combat Le 5 novembre 1959, traduit devant le Sénat pour la levée de son immunité parlementaire, il avait puisé dans sa réserve de secrets. À la tribune du palais du Luxembourg, il rappela au Premier ministre Michel Debré l'entrevue confidentielle qu'ils avaient eue, deux ans plus tôt au sujet d'une autre histoire d'attentat manque : François Mitterrand était ministre de la Justice et Michel Debré soupçonné d'avoir fomenté un complot contre le général Salan, au nom de l'Algérie française. À l'époque, il n'était pas question de pots-de-vin, mais l'« affaire du bazooka », comme on l'appelait, avait fait une victime – un officier tué à la place de Salan. C'était un souvenir encombrant pour le Premier ministre du général de Gaulle. Devant les sénateurs, François Mitterrand avait simplement ajouté : « Prenons garde que chacun d'entre nous ne soit frappé, tour à tour, par la machination. » Et l'auditoire avait compris. La levée de son immunité avait été reportée à une date ultérieure.

Le futur président du Conseil constitutionnel avait, en ce temps-là, délaissé le Parlement pour la carrière d'avocat et la conquête de la fortune. Mais il prit sa part dans l'épreuve. C'est lui qui « retourna » Pesquet et obtint l'aveu qui fit échouer le complot : le vrai-faux tueur de l'Observatoire était lié au magistrat qui avait inculpé François Mitterrand, André Braunschweig. Au cours d'un bref voyage en Suisse où Pesquet s'était réfugié, Roland Dumas se fit remettre, « contre un dédommagement destiné à couvrir les tirages et ses frais[1] », la photo de régiment qui tenait lieu de preuve de cette connivence. L'avocat en usa comme d'une arme de dissuasion, qui ferait sauter la procédure – et ceux qui l'avaient engagée ou couverte – si elle venait devant un tribunal. Dès lors, raconte-t-il, l'affaire devait « se perdre dans les sables et les méandres de la procédure[2] ». Il n'y eut jamais de procès. En 1981, après l'élection de François Mitterrand à la présidence de la République, l'ancien juge Braunschweig fut promu directeur de cabinet du garde des Sceaux, Maurice Faure, puis maintenu dans les mêmes fonctions auprès de Robert Badinter. Il se murmure que Roland Dumas ne fut pas pour rien dans ce choix.

Quarante ans séparent l'« affaire Dumas » du scandale tragi-comique de l'Observatoire qui, pour les mitterrandistes, est au commencement de tant de choses. Ses leçons n'ont pas été oubliées. Pour un homme politique affrontant la justice, la première bataille se livre contre le temps. L'objectif est la maîtrise du calendrier : espacer autant que possible le fait judiciaire de sa conséquence, pour éviter l'impression d'un enchaînement implacable. Perquisitions, mise en examen, interrogatoires, on

1. Cf. Roland Dumas, *Le Fil et la Pelote*, *op. cit.*, p. 139.
2. *Ibid.*, p. 140.

aurait tôt fait de prendre une telle escalade pour un chemin de croix. C'est une partie difficile. Rompu aux subtilités tactiques des « affaires », Roland Dumas va la jouer avec brio. En mettant à profit une autre arme, qu'il semblait jusqu'alors tenir en réserve : la maladie.

Lorsqu'il est informé de la convocation des juges, le 4 mars 1998, le président du Conseil constitutionnel est en Gironde, dans sa demeure de Saint-Selve. Eva Joly a elle-même téléphoné à l'un de ses avocats, Bernard Vatier, pour lui apprendre que le courrier venait d'être posté. Peut-être ébranlée par les commentaires acides qui avaient suivi les perquisitions du mois de janvier, la magistrate semblait vouloir montrer des égards envers ce justiciable si peu ordinaire. Le rendez-vous est fixé au 11 mars à 15 heures, au palais de justice de Paris. Mais, dès le 5 mars, le défenseur de Roland Dumas rappelle la magistrate pour solliciter un report. Son client, explique-t-il, doit subir une « légère intervention chirurgicale » qui le rendra indisponible durant « quelques jours ». Prévue depuis le mois de décembre, l'opération est effectivement programmée pour le 10 mars, soit la veille de la date retenue par les juges pour la mise en examen. À quelques-uns de ses proches, Roland Dumas a simplement parlé d'une intervention « bénigne » qui doit avoir lieu dans un établissement bordelais, la clinique du Tondu. À soixante-quinze ans, il a déjà subi plusieurs opérations. Il ne leur a pas semblé particulièrement inquiet. Le 7 mars au matin, lorsqu'il confirme aux journalistes du *Monde* le principe de sa mise en examen, il parle encore d'une « petite opération » et précise la nouvelle date convenue avec les juges : le 18 mars. Il n'a donc besoin que d'une semaine de convalescence. À ce stade, Eva Joly peut encore croire à un simple contretemps.

Paraît alors l'entretien accordé au *Figaro* le 9 mars. Pour la première fois, le président du Conseil constitutionnel évoque une intervention chirurgicale « qui représente un risque », laissant même entrevoir le pire : « À toutes fins, dit-il en commençant son propos, il est ainsi clair que je ne me serai nullement dérobé. » Le 10 mars, l'opération se déroule comme prévu. Le second avocat de Roland Dumas, Christian Charrière-Bournazel, proclame aussitôt qu'il s'agit d'une « opération lourde », imposant une convalescence qui « prendra du temps ». Eva Joly comprend qu'elle a été bernée : si ses conseils lui avaient annoncé d'emblée que l'indisponibilité de Roland Dumas serait aussi longue, elle aurait à coup sûr avancé la convocation, pour lui notifier la mise en examen avant son hospitalisation. Mais maintenant, il est trop tard. Un certificat médical est remis au juge : il confirme que le président du Conseil constitutionnel devra rester hospitalisé dix jours, puis observer une période d'« indisponibilité absolue » de deux semaines. Placée devant le fait accompli, Eva Joly n'a plus d'autre issue que d'attendre le rétablissement de son suspect de marque. Elle a perdu la main.

Retranché dans sa propriété girondine, Roland Dumas reçoit une nouvelle convocation, cette fois pour le 10 avril. Ses amis le disent épuisé, déprimé. Mais il veut encore faire bonne figure, et pousser son avantage. Le 1er avril, il nargue ses juges dans les colonnes de *L'Est républicain* : « J'ignore si je pourrai me rendre chez Mmes les juges, explique-t-il. J'attends de connaître l'avis de mes médecins. » Il ajoute : « Si, le 10 avril, je ne suis pas en état de me rendre chez les juges, ce ne sera que partie remise. Je ne compte pas me défiler, car je tiens à en finir au plus vite avec cette affaire. » Entre les lignes, on croit deviner un sourire. Le lendemain 2 avril, le chirurgien de la clinique du Tondu fait parvenir aux juges un nouveau certificat dans lequel il fait état de « complications » survenues après l'opération, et recommande une prolongation supplémentaire de sa convalescence. L'agacement d'Eva Joly se change en irritation. Impuissante face à ce qu'elle pense être une manœuvre, la magistrate veut à tout prix reprendre l'initiative pour ne pas laisser son enquête s'installer dans l'apathie des dossiers sans enjeux. Elle perd son sang-froid, finit par douter de l'avis des médecins. Décidée à interrompre cette course de lenteur, elle dépêche, le 6 avril, un expert à Saint-Selve avec mission d'examiner Roland Dumas. Elle prend ainsi le risque d'exposer publiquement sa défiance. Il est désormais clair qu'elle ne croit ni en la parole du président du Conseil constitutionnel, ni en celle de ses avocats, ni même en celle de ses médecins ! Le diagnostic de l'expert est, pour elle, un camouflet : l'état de santé de Roland Dumas s'est effectivement dégradé, conclut le médecin assermenté. Et, cette fois, son avis ne souffre aucune contestation. L'ancien ministre, indique son rapport, ne peut être interrogé avant deux semaines, ni se déplacer dans un délai de quarante-cinq jours – renouvelable après avis de ses médecins. La juge doit s'incliner. La maîtrise du temps lui a échappé.

Le 9 avril, Christine Deviers-Joncour quitte la maison d'arrêt de Fleury-Mérogis. Consciente qu'elle ne pourra pas interroger Roland Dumas avant plusieurs semaines, ni organiser la confrontation qu'elle espérait entre l'ancien ministre et sa protégée, Eva Joly s'est résolue à ordonner sa libération. Le président du Conseil constitutionnel, lui, a fait la preuve de sa combativité, mais il est atteint. Les suites de son opération lui ont certes été utiles, mais à la souffrance physique s'ajoute maintenant une profonde lassitude. Autour de la propriété de Saint-Selve, qu'il ne quitte plus, son épouse aperçoit les paparazzis guettant le vieil homme qu'une rupture du tendon d'Achille contraint à porter un plâtre. Le 26 mars, il n'a pas pu se rendre à Brantôme pour se recueillir à l'endroit où son père fut exécuté par les Allemands. C'était la première fois qu'il manquait ce rendez-vous.

CHAPITRE HUITIÈME

L'homme gris

Dans l'après-midi du 29 avril, les deux juges se rendent au chevet de Roland Dumas. Après une aussi longue attente, la mise en examen du président du Conseil constitutionnel aurait pu lui être notifiée par simple courrier, mais il est désormais manifeste qu'Eva Joly n'a pas choisi la discrétion. Annoncée trois jours plus tôt par les agences de presse, son expédition en Gironde avec Laurence Vichnievsky transforme la mise en examen de Roland Dumas en événement médiatique de grande ampleur. Durant toute la matinée, les radios ont diffusé des flashes pour rendre compte de la progression des magistrates vers leur destination, comme au long d'une étape du Tour de France cycliste. À Saint-Selve, petite commune du pays bordelais, les journalistes se sont massés devant la propriété. La demeure de Roland Dumas est une ancienne « maison à vin » aux épais murs de pierre, luxueusement restaurée, qu'entoure un petit parc où se dressent des pins. Il s'y est enfermé avec son épouse et ses avocats[1] et n'a pas mis le nez à la fenêtre. Les photographes ne l'apercevront qu'à la sortie des juges, lorsqu'il les raccompagnera sur le pas de la porte.

L'entrevue ne dure pas longtemps. Jusqu'au dernier instant, Eva Joly avait pourtant laissé planer le doute sur ses véritables intentions. Plusieurs détails pouvaient donner à penser qu'elle n'excluait pas d'ordonner l'incarcération du président du Conseil constitutionnel. Le premier indice était la présence à ses côtés d'un représentant du parquet de Paris – le substitut Anne-Marie Beauguion –, qui ne s'imposait pas dans le cas d'une simple mise en examen. La décision d'emporter sur place la copie intégrale du dossier, sous la forme d'un lot de classeurs volumineux, pouvait également intriguer : ces pièces non plus n'étaient pas indispensables, sauf s'il s'agissait de permettre aux avocats de préparer une défense immédiate, face à la menace de la détention provisoire. Enfin, la réservation, par les magistrates, de chambres d'hôtel à Bordeaux pour la nuit du 29 au 30 avril paraissait indiquer qu'elles envisageaient de passer un long après-midi à Saint-Selve, alors qu'une simple mise en examen ne peut guère se prolonger au-delà d'une heure... À Paris, la rumeur courait aussi, parmi les avocats, qu'Eva Joly s'était renseignée auprès de la

1. Jean-René Farthouat et François Tosi, qui ont succédé, la veille, à Bernard Vatier et Christian Charrière-Bournazel.

direction de la maison d'arrêt de la Santé, où sont généralement regroupées les personnalités écrouées dans les grandes affaires politico-financières, sur les conditions d'accueil des détenus soumis à un traitement médical contraignant. Dans son édition du jour, un article du journal *Libération*, qui évoquait l'expédition girondine, était crûment intitulé : « Dumas dormira-t-il en prison ce soir ? »

Mais, à peine arrivée chez son hôte, la magistrate dissipe ses craintes : « Nous n'en avons pas pour très longtemps », dit-elle d'emblée. Apparemment tendue, elle se contente ensuite d'informer Roland Dumas des faits qu'elle a retenus contre lui sous la double qualification de « complicité et recel d'abus de biens sociaux ». Le texte qu'elle a préparé mentionne d'une part le recrutement de Christine Deviers-Joncour par Elf-Aquitaine et le versement des deux « commissions » de 14 puis 45 millions de francs, dont il serait complice[1] ; d'autre part, le dépôt, sur son propre compte bancaire au Crédit lyonnais, de sommes d'origine inconnue, estimées à « environ 8 millions de francs », dont il serait receleur[2].

1. Le juge fait précisément référence à une complicité « par instructions, fourniture de moyens, aide et assistance ».

2. Aucune précision n'est apportée par les juges sur le calcul ayant permis la détermination de ce montant. Il ne s'agit en tout cas ni du total des sommes créditées sur les comptes de Roland Dumas au Crédit lyonnais, ni du total des seules espèces déposées sur ces comptes.

L'hypothèse d'une incarcération n'est pas même évoquée, mais la mise en examen du président du Conseil constitutionnel est néanmoins assortie d'un contrôle judiciaire strict qui lui impose le versement d'une caution de 5 millions de francs ainsi que l'interdiction – classique – de rencontrer les autres protagonistes de l'affaire, à commencer par Christine... Eva Joly y a toutefois ajouté une dernière clause, comme en guise de botte secrète. À compter de ce jour, Roland Dumas n'a pas le droit de se rendre dans les pays suivants : la Suisse, le Luxembourg, le Liechtenstein, les principautés de Monaco et d'Andorre, l'île caraïbe d'Antigua – autant de contrées réputées hospitalières aux capitaux d'origine douteuse...

Le coup est destiné à faire mal. Rien, dans le dossier d'instruction, ne donne à penser que l'ancien ministre serait familier de l'une ou l'autre de ces destinations – si ce n'est la Suisse où il se rend en effet fréquemment. Mais une lettre anonyme assure qu'il dispose d'un compte dans une banque du Liechtenstein, un témoin prétend avoir croisé Christine Deviers-Joncour à Andorre, Gilbert Miara est parti en vacances à Antigua, etc. Dès lors, la « botte » d'Eva Joly est imparable. Dans les heures qui suivent, l'énumération par tous les journaux, chaînes de radio et de télévision, de ces paradis fiscaux accolés au nom de Roland Dumas confère à sa mise en examen un caractère particulièrement infamant, contre lequel il est impuissant. La manœuvre montre à quel point un juge habile et sûr de son fait peut utiliser la presse pour répandre un soupçon, fût-il sans véritable fondement. Les journalistes ignorent, dans leur grande masse, les détails du dossier d'instruction. Ils ne pourront, de toute façon, passer sous silence le dispositif d'un contrôle judiciaire aussi inusité, s'agissant d'une telle personnalité. La simple évocation des pays interdits agira ensuite à la façon d'un message subliminal. Lui défendre de s'y rendre, n'est-ce pas suggérer fortement qu'il y avait des habitudes ? À l'énoncé de la liste, on croit déjà l'apercevoir sortant d'une banque, une mallette à la main...

Perfide, l'attaque le frappe d'autant plus cruellement qu'elle paraît le prendre à son propre piège. Durant près d'un quart de siècle, Roland Dumas fut l'avocat des plus grandes affaires politiques, et sans doute l'un des précurseurs de leur mise en scène médiatique. Alors que François Mitterrand et les siens affrontaient les gaullistes, puis les giscardiens, sur le terrain électoral, c'est dans les prétoires que Roland Dumas était devenu leur bête noire. Du scandale financier de la Garantie foncière à l'affaire Aranda – du nom de ce haut fonctionnaire de l'Équipement qui avait quitté son ministère avec quelques documents compromettants –, de l'enlèvement de Ben Barka au procès de Broglie, des micros du *Canard enchaîné* aux diamants de Valéry Giscard d'Estaing, Roland Dumas était de toutes les parties, spécialement lorsque la défense d'un inculpé – on ne disait pas encore « mis en examen » – passait par une mise en cause du régime, ou au moins de l'un de ses représentants. La seule annonce de sa désignation dans un dossier sensible faisait trembler dans les cabinets ministériels. Il n'en était d'ailleurs pas peu fier. C'était une façon novatrice de militer dans l'opposition, d'être le bras armé de François Mitterrand.

« Un phénomène nouveau se faisait jour, explique-t-il dans ses mémoires, dont je pris progressivement conscience et qui, commencé dans ces années 1970, n'a pas cessé de s'amplifier jusqu'à aujourd'hui : la politique se déplaçait de ses enceintes traditionnelles pour s'installer dans les cabinets des juges d'instruction et les palais de justice [...]. La fortune voulut, et je l'y aidai un peu, que les affaires spectaculaires ne manquèrent pas, et l'on ne s'étonnera pas que beaucoup d'entre elles ne fussent pas étrangères à la politique, à moins que ce ne fût l'inverse[1]. » Ses liens particuliers avec *Le Canard enchaîné* ajoutaient alors à son efficacité autant qu'à son prestige. Ils contribuaient aussi à susciter la crainte de ses adversaires. Appelé par l'hebdomadaire satirique en 1969 pour affronter Jacques Foccart, le mystérieux conseiller du général de Gaulle pour les questions africaines et les services secrets, dans

1. *Le Fil et la Pelote*, *op. cit.*, p. 179.

un procès en diffamation, Roland Dumas en était devenu l'inamovible défenseur, ainsi sans doute qu'un informateur occasionnel. La télévision vivait encore sous l'étroite tutelle du gouvernement et ne faisait guère son miel des scandales qui l'éclaboussaient. La presse de gauche, elle, était une alliée naturelle pour cet avocat engagé qui ne songeait qu'à en découdre avec le pouvoir. Nombre de journalistes parisiens ont conservé, avec le président du Conseil constitutionnel, le tutoiement en cours à cette époque, et se souviennent avec amusement des bons coups montés ensemble. Lui semble n'avoir perçu que de loin l'évolution des temps. Devenu ministre, homme de pouvoir à son tour, il a assisté, sous le second septennat de François Mitterrand, à la montée des « affaires » et au réveil des juges sans paraître y croire tout à fait, affectant l'indignation sans jamais donner l'impression de craindre pour lui-même. En 1992, la mise en examen d'Henri Emmanuelli lui fournit l'occasion d'une sortie contre des magistrats « médiatiques et bavards » fomentant « un véritable complot contre la République[1] », mais on sait que le financement du Parti socialiste ne le concernait que de très loin. Un an plus tard, le suicide de Pierre Bérégovoy lui inspirait une nouvelle tirade, accusant, selon le mode présidentiel, magistrats et journalistes, jugés « tous

1. *Le Journal de la Dordogne*, 17 juillet 1992.

responsables[1] ». Mais l'ancien Premier ministre lui ressemblait si peu...

Cette fois, c'est lui-même que les juges pourchassent, et leur obstination comme leurs méthodes le prennent au dépourvu. Il semble ne pas comprendre que sa double qualité d'avocat et de politicien attise leur méfiance. Il fait mine d'ignorer que son obstination à se maintenir à la présidence du Conseil constitutionnel passe pour une provocation. Il ne perçoit pas, enfin, que sa mise en cause, au travers des découvertes qui accablent Christine Deviers-Joncour, offre à Eva Joly l'issue qui lui manque dans l'instruction de l'affaire Elf, ce scandale gigogne dont elle ne voit pas la fin. Ancien chef de la diplomatie française, héritier du mitterrandisme, gardien de la Constitution, Roland Dumas ne saurait être assimilé à un second rôle. S'il devait être reconnu coupable, personne ne pourrait plus tenir l'enquête pour inaboutie, comme tant d'autres avant elle, restées inachevées. Les initiés du dossier Pechiney ont été condamnés, mais Roger-Patrice Pelat était mort, et tout n'a pas été découvert. Les détournements de l'association Carrefour du développement ont été sanctionnés, mais le ministre Christian Nucci a été amnistié. Le financement du Parti républicain et le rôle de ses filières suisses ont été partiellement mis au jour, mais les recherches se sont enlisées. L'affaire Elf est

1. *Le Journal de la Dordogne*, 7 mai 1993.

menacée du même syndrome. En Afrique, en Allemagne, au Venezuela, dans les anciennes Républiques soviétiques, d'énormes commissions ont été versées par le groupe pétrolier, mais la découverte de leurs destinataires pourrait provoquer un séisme politique qui s'étendrait au-delà des seules frontières françaises. Pour ne pas paraître échouer, Eva Joly ne serait-elle pas prête à se satisfaire d'une péréquation ? Un coupable de premier plan pour le scandale de la décennie. Un ministre d'État pour une affaire d'État.

« Je les tiens tous. J'ai de quoi faire sauter vingt fois la République… »

C'était l'une des phrases favorites d'Alfred Sirven au temps de sa splendeur. Il la prononçait avec son accent du Sud-Ouest, dans un grand rire, en ouvrant largement ses grosses mains de colosse, paumes vers le ciel, pour les refermer aussitôt sur une invisible proie, en serrant très fort les poings. Il était alors l'homme de confiance de Loïk Le Floch-Prigent, qui l'avait doté du titre de directeur des « affaires générales » d'Elf-Aquitaine – ce que ses interlocuteurs traduisaient sans peine par : « chargé des opérations spéciales ». De 1989 à 1993, sous son influence, bien des choses étaient devenues « spéciales » au sein du groupe pétrolier. Au point que, lorsque Alfred Sirven proférait ces menaces explosives, il était généralement cru sur parole.

Roland Dumas l'a rencontré en 1988. C'est Christine Deviers-Joncour qui a fait les présentations. Le ministre était de retour au Quai d'Orsay, après la réélection de François Mitterrand. Alfred Sirven, lui, menait campagne pour la nomination à la tête d'Elf-Aquitaine de son ami Loïk Le Floch-Prigent, qu'il avait connu comme P-DG de Rhône-Poulenc, en même temps que le mari de Christine, Claude Joncour. Deux ans plus tôt, en 1986, Le Floch avait été brutalement limogé par la droite qui le surnommait « Pink Floch » en raison de ses attaches socialistes. Le retour de la gauche lui offrait donc des perspectives. Sirven connaissant les liens de Christine avec Roland Dumas, il avait insisté auprès d'elle pour qu'elle organise une rencontre entre le ministre et Loïk Le Floch-Prigent. Un dîner fut organisé. Sirven et les époux Joncour étaient eux aussi autour de la table. Politique, pétrole et ambition figuraient au menu. À Claude Joncour, Sirven avait promis « un gros poste chez Elf » au cas où son projet aboutirait[1]. À la maîtresse de maison, il avait glissé à l'oreille, en guise de remerciement : « Elf, c'est une grosse marmite. Bientôt, on va y faire bouillir nos petits légumes. Et toi, tu auras ta cuillère en or... »

Un second dîner se tint dans un grand restaurant parisien, Chez Laurent, où Christine convia de nouveau Roland Dumas. Têtu et

1. Interrogatoire de Christine Deviers-Joncour, 24 mars 1998.

renfrogné, Loïk Le Floch-Prigent n'était guère apprécié du ministre. « Roland Dumas m'avait raconté une anecdote, confia-t-elle à Eva Joly. Il lui était arrivé de passer deux heures avec M. Le Floch-Prigent en voiture sans qu'ils se parlent[1]... » Sirven, lui, est fait d'un autre bois. C'est un Toulousain affable, prévenant et volubile, qui aime la bonne chère, les grands vins et les gros cigares. Né en 1927, fils d'un couple d'imprimeurs qui travaillaient pour *La Dépêche du Midi*, il s'était engagé dans la Résistance, puis, par goût du baroud, dans les Forces terrestres de l'ONU en Corée. Blessé quatre fois, il fut décoré de la croix de guerre. Mais son rapatriement précipité vers la France intervint à la suite d'un épisode moins glorieux qui devait demeurer pour lui, bien des années plus tard, comme une cicatrice cachée : le 24 avril 1954, alors qu'il était en permission au Japon, il cambriola une banque, arme au poing, avec quelques camarades de régiment. Arrêté, jeté en prison, il ne dut son élargissement qu'à l'intervention de sa famille qui disposait, à Toulouse, de quelques relations bien placées... La suite de son parcours est plus classique : diplômes de droit ; carrière dans l'industrie, d'ailleurs commencée chez un concurrent d'Elf, Mobil Oil ; spécialisation dans les « ressources humaines » où sa faconde et son goût de la négociation font

1. Interrogatoire de Christine Deviers-Joncour, 24 mars 1998.

merveille. Les scrupules ne l'étouffent pas : pour déminer un conflit social, il peut aller jusqu'à circonvenir un délégué syndical en mettant la main à la poche. Son goût de la clandestinité, déjà, amuse et intrigue : dans les restaurants où il n'est pas connu, il a pris l'habitude de réserver sous un nom d'emprunt : « Monsieur Dumas ». Le nom de jeune fille de sa mère…

Cette coïncidence ne suffit pas à lui valoir l'estime du ministre. Sur ce point au moins, tous les témoignages concordent : Roland Dumas n'appréciait guère cet homme sans finesse ni distinction, sans grande culture non plus, qu'il qualifiera de « factotum[1] ». Certes, Alfred Sirven était comme lui franc-maçon, mais il revendiquait des opinions politiques nettement marquées à droite, se disant gaulliste de cœur tout en se montrant lecteur assidu de l'hebdomadaire d'extrême droite *Minute*. Il n'avait au demeurant de prévention contre personne. Sous la présidence de Loïk Le Floch-Prigent, il disposait à la tour Elf d'une « réserve » annuelle de quelque dix millions de francs dont il usait à discrétion, pratiquant une forme de lobbying dînatoire des plus œcuménique. Il s'affichait aussi bien avec l'entourage de Charles Pasqua qu'avec Jean-Jacques de Peretti ou Gérard Longuet – qui lui remit la Légion d'honneur en 1993 –, et s'efforçait par tous les moyens d'être admis au sein des réseaux mitterrandistes. C'est

1. Interrogatoire de Roland Dumas, 3 juin 1998.

dans ce but qu'il confia au publicitaire André Magnus, ami de jeunesse de François Mitterrand, et au docteur Laurent Raillard, partenaire de golf attitré du chef de l'État, d'hypothétiques « missions » largement rémunérées par Elf-Aquitaine International (EAI), la filiale suisse qu'il utilisait comme une tirelire. « De telles rémunérations [...] ont bénéficié à beaucoup d'autres personnes, a témoigné Christine Deviers-Joncour. C'était comme la distribution des caramels[1]... » C'est aussi pour plaire à l'Élysée qu'Alfred Sirven organisa le financement clandestin – toujours via Genève et la filiale EAI – du très mitterrandiste magazine *Globe-Hebdo*, lancé par le journaliste Georges-Marc Benamou, l'un des derniers confidents du Président et le protégé de Pierre Bergé, vieil ami du chef de l'État. C'est pourquoi, enfin, il fit tout pour se rapprocher de Roland Dumas.

Exigé ou non par le ministre des Affaires étrangères, le recrutement de Christine Deviers-Joncour obéit à cette même logique : s'introduire dans l'intimité des hommes qui comptent, fût-ce par personne interposée. Et Roland Dumas est de ceux-là. Loïk Le Floch-Prigent assure que, peu avant de le nommer à la présidence du groupe pétrolier, François Mitterrand lui avait recommandé de s'adresser à son ministre des Affaires

1. Interrogatoire de Christine Deviers-Joncour, 12 décembre 1997.

étrangères « pour toutes les affaires importantes », plutôt qu'à Michel Rocard, pourtant Premier ministre. « Dumas n'est pas à Matignon, mais c'est tout comme », aurait précisé le Président[1]. Une façon de lui faire comprendre que les questions pétrolières étaient trop imbriquées dans la politique étrangère de la France pour échapper au « domaine réservé » du chef de l'État. Or, dans ce périmètre régalien, seul l'« ami Roland » avait ses entrées. Son carnet d'adresses lui donnait d'ailleurs vocation à être l'interlocuteur des pétroliers. Pour avoir été l'un des avocats des indépendantistes algériens, il s'était tissé de précieux réseaux dans l'ensemble du monde arabe. Il n'a jamais caché ses relations avec les Palestiniens, même au temps du terrorisme, ni ses contacts privilégiés, comme avocat puis comme ministre, au Proche et au Moyen-Orient. Ses amitiés maçonniques, en outre, l'ont rapproché de nombreux présidents africains. Engager la protégée d'un homme aussi incontournable pouvait, dès lors, être un moyen de s'attirer ses bonnes grâces. L'affaire ne traîna pas. Installé à la présidence d'Elf le 1er juin 1989, Loïk Le Floch-Prigent appela aussitôt à ses côtés l'indispensable Alfred Sirven, l'homme qui s'était tant dépensé pour préparer son retour. Le 1er juillet, le directeur des « affaires générales » prenait possession d'un superbe bureau au 44e étage de la tour Elf, d'où il avait autorité sur l'ensemble des services du

1. Entretien avec l'auteur, 9 juin 1998.

groupe. Et le 24 juillet, Christine faisait son entrée chez Elf.

Son recrutement avait été entouré d'étranges précautions. Aucune liste, aucun annuaire interne ne mentionnait son nom. La directrice chargée des cadres du groupe, Jeanne-Marie Cardaire, avait même reçu d'Alfred Sirven l'ordre de ne pas inscrire ses véritables attributions sur son contrat d'engagement. « M. Sirven m'avait bien dit que le recrutement de Mme Deviers-Joncour devait rester confidentiel, a-t-elle expliqué. C'est la raison pour laquelle, dans le contrat, M. Sirven m'avait dit d'indiquer une fonction qui ne correspondait pas au Quai ni à ce qu'elle savait faire. Dans ce contrat, il n'a jamais été question du Quai d'Orsay[1]. » C'est pourtant en faisant valoir ses introductions auprès du ministre des Affaires étrangères que Sirven avait expliqué l'arrivée de cette nouvelle collaboratrice à André Tarallo, l'homme des affaires africaines d'Elf, alors patron de toute la branche hydrocarbures du groupe. « Il avait précisé que nous n'aurions pas à travailler avec elle mais qu'elle serait très utile au groupe en raison de sa proximité avec Roland Dumas. Il a également indiqué qu'il assurerait seul les relations avec elle[2]. » Neuf ans plus tard, Loïk Le Floch-Prigent affirmera avec constance que le secret était tel que lui-même ignorait l'embauche

1. Confrontation entre Jeanne-Marie Cardaire et André Tarallo, 8 avril 1998.

2. *Idem.*

de Christine. Malgré les protestations indignées de l'intéressée, il maintiendra, face à elle, cette version – peu crédible – des faits. Au cours de cette confrontation organisée le 9 avril 1998 dans le bureau d'Eva Joly, l'ancien P-DG d'Elf ne la regardera pas une seule fois dans les yeux…

Pourquoi tous ces mystères, quand l'intéressée, elle, ne se cachait pas ? Tous ses amis savaient qui était l'employeur de Christine – même si la plupart ignoraient quelles pouvaient être ses fonctions. Le ministre, en tout cas, était au courant. « Par honnêteté, lorsqu'on m'a proposé ce travail, je suis allée voir Roland Dumas pour lui en faire part et lui demander si je pouvais accepter », a raconté aux juges Christine Deviers-Joncour[1]. D'autres lui auraient conseillé de refuser. Mais il y a, chez Roland Dumas, une forme de désinvolture, un refus permanent des convenances qui confine à l'imprudence. Il lui avait donc répondu « par l'affirmative », précise-t-elle, « en me disant que j'étais tout à fait apte à remplir la mission qui m'était demandée, et que si ce n'était pas moi qui étais recrutée, ce serait une autre personne de toute façon[2] ». À quoi le président du Conseil constitutionnel objectera : « Dans mon idée, il s'agissait d'un contrat en rapport avec ses activités de conseil et de communication[3]. » Nul n'était

1. Interrogatoire de Christine Deviers-Joncour, 19 novembre 1997.

2. *Idem.*

3. Interrogatoire de Roland Dumas, 3 juin 1998.

pourtant mieux placé que lui pour constater que la « mission » confiée à Christine par Alfred Sirven consistait pour l'essentiel à l'accompagner au long de ses voyages à l'étranger; et qu'à l'évidence, ses revenus n'étaient pas en rapport avec une telle fonction. À cela il répond, provocant : « Je voyais bien qu'elle avait des facilités, mais je ne lui ai jamais posé la question. C'était délicat[1]. » Ou encore, misogyne : « Elle achetait des robes, comme toutes les femmes dès qu'elles ont un peu d'argent, mais je n'ai pas remarqué un changement de train de vie à hauteur des chiffres que vous mentionnez[2]. » Quant à l'appartement de la rue de Lille, il soutient avoir considéré que « c'était un logement de fonction », dédaignant le fait que Christine Deviers-Joncour ait continué à l'habiter, plus de quatre ans après sa démission du groupe Elf...

« – N'estimez-vous pas que la surface de cet appartement [320 mètres carrés] est inhabituelle pour un logement de fonction d'une simple employée ? lui demande Eva Joly.

« – Pour moi, je l'aurais trouvée excessive », répond-il, narquois.

Des questions, il aurait pu sans peine en poser à Alfred Sirven. Les agendas de Roland Dumas, retrouvés par la police dans la salle des archives de la maison de Saint-Selve, ont gardé trace de ses

1. Interrogatoire de Roland Dumas, 3 juin 1998.
2. Interrogatoire de Roland Dumas, 18 septembre 1998.

rendez-vous fréquents avec l'ancien directeur d'Elf. Entre le 29 juin 1990 et le 29 octobre 1991, Sirven n'eut pas moins de dix-neuf entretiens avec le ministre, dont quatre seulement en présence de Loïk Le Floch-Prigent, par ailleurs lui-même régulièrement reçu au Quai d'Orsay. De quels dossiers délicats Alfred Sirven tenait-il le ministre informé hors la présence de son P-DG ? Cela, aucun agenda ne peut le dire. S'il se vantait volontiers de « rencontrer le ministre d'État » et attachait « une grande importance » à ces rencontres, « il en donnait très rarement le compte rendu », s'est souvenu André Tarallo[1]. Le comportement, les fréquentations, la propension au secret, tout, chez Alfred Sirven, avait fini par susciter la méfiance de la hiérarchie du groupe Elf. La direction financière refusait avec obstination de libérer des fonds sur ses ordres sans l'aval du président. Absorbé par ses projets de développement pharaoniques, obsédé par ses visions géo-stratégiques du monde pétrolier, Loïk Le Floch-Prigent, lui, signait Il semblait ne pas voir s'émanciper son homme de confiance, grisé par les millions faciles. Il était aveugle. Ou fermait les yeux.

Et Roland Dumas ? Avait-il, lui aussi, péché par naïveté ? Ne s'était-il pas inquiété de voir s'insinuer jusque dans son ombre cet homme douteux ? Un « factotum », avait-il dit. Mais un factotum n'agit

1. Interrogatoire d'André Tarallo, 17 mars 1998.

pas de lui-même. Il obéit à quelqu'un. Il exécute des ordres. Seul Alfred Sirven pourrait dire de qui émanaient les siens. Mais il y a longtemps qu'il est parti, laissant derrière lui un inconsolable gros chat roux, un joli petit château en Touraine, une roseraie à l'abandon – et une galaxie de comptes bancaires en Suisse que la justice n'a pas fini d'explorer. Sa dernière apparition à Genève remonterait au mois de décembre 1997. Un mandat d'arrêt international le visait alors depuis de longs mois, mais des témoins assurent l'avoir aperçu, dînant tranquillement à la table d'un restaurant asiatique, tout près de son ancien appartement. Tout près aussi de l'immeuble d'Elf-Aquitaine International, cette obscure filiale sur laquelle il régna en maître absolu et sulfureux. Décembre 1997 : c'était aussi un mois après l'arrestation de Christine Deviers-Joncour. Celle à qui il avait tant donné et par qui le scandale était arrivé.

À l'heure où les juges le traquent, le président du Conseil constitutionnel sait bien qu'il est trop tard pour revenir en arrière. Ce n'est pas tant qu'il éprouve des regrets. Mais il lui semble avoir péché par orgueil. Jamais il n'aurait cru que l'enquête pourrait aller aussi loin. Devant les quelques amis qui lui ont parlé au cours des derniers mois, il s'est parfois abandonné à des moments de faiblesse, mais, selon le mot de l'un d'eux, il paraissait « moins effrayé que vexé ».

Même après les perquisitions, il pensait encore pouvoir s'en tirer, sinon avec les honneurs, au moins sans trop de dégâts. Mais le déballage de ses comptes bancaires dans les journaux, les photos de lui à Saint-Selve, assis en charentaises devant la maison ou marchant penché sur une canne, l'ont durement atteint. Maintenant qu'il doit répondre à des questions, s'expliquer sur sa vie, ses ressources, ses amis, ses amours, il n'est même plus temps pour lui de sauvegarder les apparences. Au fil des recherches et des découvertes, l'enquête d'Eva Joly semble avoir dessiné les traits d'un autre lui-même, faisant apparaître, touche par touche, détail après détail, comme dans une version judiciaire du *Portrait de Dorian Gray*, la face ignorée du personnage public, les mystères de l'homme et les secrets de l'âme.

Face aux deux juges, ses efforts pour justifier les flux d'argent liquide sur son compte ont quelque chose de pathétique. À ces entrées massives et régulières de billets de banque, il propose avec un aplomb factice une explication alambiquée : bien souvent, lorsqu'il était avocat, ses honoraires lui étaient payés en espèces ; il les conservait alors à portée de main, parfois pendant des années. C'est pourquoi, explique-t-il, les dépôts se sont poursuivis plusieurs années après 1988, quand son retour au gouvernement l'avait contraint à délaisser son cabinet. Qu'importe que sa propre secrétaire ait affirmé que les sommes en cause « ne transitaient jamais par le coffre du bureau » de la rue de Bièvre : il rétorque qu'elle n'y « avait pas accès tous les jours[1] ». Et qu'en outre il disposait de tiroirs secrets dissimulés dans des meubles, ou de « caches » aménagées dans certaines de ses résidences. Les plus grosses sommes, dit-il, étaient entreposées dans le coffre de la maison de Saint-Selve. Mais il est cette fois contredit par son épouse : questionnée par la police, elle a certifié que le coffre était vide depuis plusieurs années, alors que les mouvements d'espèces se poursuivaient. Le même argument ressert alors une deuxième fois : « Ma femme n'avait pas toujours accès au coffre[2]. »

Les comptes bancaires d'Anne-Marie Dumas suscitent d'ailleurs d'autres interrogations : de l'argent liquide y était également déposé à intervalles réguliers, mais les versements s'effectuaient à Paris et non en Gironde où elle séjourne pourtant la plupart du temps. Or une fois déposées, les sommes étaient ensuite virées vers sa propre banque bordelaise. Explication embrouillée du président du Conseil constitutionnel : gênée par ses origines bourgeoises, au point que « le fait de déposer des sommes en espèces lui posait un problème », son épouse redoutait de croiser, sur le chemin de la banque, « d'anciennes camarades d'école[3] »...

1. Interrogatoire de Roland Dumas, 17 juin 1998.
2. Interrogatoire de Roland Dumas, 18 septembre 1998.
3. Interrogatoire de Roland Dumas, 5 août 1998.

« Les hommes ne sont ni blancs ni noirs, aimait à dire François Mitterrand. Ils sont gris[1]. » De ce jugement pessimiste sur la nature humaine, d'où l'ancien Président tirait naguère une compassion teintée de cynisme, Roland Dumas semble avoir fait une ligne de défense. Confronté aux découvertes de l'enquête, acculé par les soupçons, contraint de devenir son propre avocat, il s'est résolu à plaider la grisaille. Grisaille des faits, des chiffres, des souvenirs. Tant pis pour son éclat d'antan ! Le voilà prêt à sacrifier beaucoup pour sauver ce qui reste. Dans le bureau d'Eva Joly, semaine après semaine, il se débat dans ses contradictions, s'embrouille dans les versions divergentes de ses proches. Sa collaboratrice, Stéphanie Bordier, a déclaré aux policiers qu'il lui avait remis deux millions de francs en billets de banque ? Elle a commis une erreur, tranche-t-il, « sans doute dans le trouble[2] ». Mais d'où la jeune femme pouvait-elle alors tirer une somme aussi importante ? Ses propres honoraires étaient-ils suffisants pour lui rapporter autant ? Roland Dumas en est « presque sûr ». Tout en prétendant, dans le même temps, que le cabinet de la rue de Bièvre connaissait « des fins de mois difficiles », et que son chiffre d'affaires se dégradait sensiblement dès que ses fonctions ministérielles

1. Franz-Olivier Giesbert, *Le Vieil Homme et la Mort*, Grasset, 1996, p. 42.
2. Interrogatoire de Roland Dumas, 12 juin 1998.

l'obligeaient à s'en éloigner. C'est pourquoi il devait puiser dans ses « économies »...

Qu'importe, en outre, que la constitution d'une telle cagnotte – se montant forcément à plusieurs millions de francs – ait échappé à l'attention des services fiscaux. La détention d'argent liquide, bien sûr, doit être déclarée au titre de l'impôt sur la fortune, et les ministres confient généralement cette tâche à un comptable spécialement désigné : encore fallait-il que celui-ci fût informé du détail ! Au reste, l'aveu est sans grand danger : même si cette omission constituait une infraction fiscale, elle serait largement couverte par la prescription. Le même raisonnement vaut pour les cinq lingots d'or que le président du Conseil constitutionnel affirme avoir hérités de sa mère : leur présence dans son patrimoine aurait dû être déclarée par le ministre, mais il semble trop tard pour lui en faire reproche. La vente de cet or, déclare-t-il aux juges, lui avait rapporté 350 000 francs en 1992. Mais il ne fournit aucun document attestant cette transaction. Et lorsqu'il apprend qu'à la demande d'Eva Joly, le parquet a transmis son dossier à la direction des impôts, il en profite pour refuser de s'expliquer davantage. « Je préfère m'en remettre aux autorités fiscales que vous avez saisies, dit-il, [et] qui feront la lumière sur ces questions[1]. » C'est toujours un peu de temps gagné.

1. Interrogatoire de Roland Dumas, 12 juin 1998.

Il n'offre guère plus de précisions concernant les ventes de tableaux et de sculptures dont il excipe pour justifier une part importante des versements effectués sur son compte. Ces opérations se négociaient en espèces, assure-t-il. Le produit en fut utilisé pour combler des découverts, garantir des emprunts. Certes, sa réputation d'ami des arts souffre d'un tel aveu, mais est-il encore temps de s'en préoccuper ? Il la sacrifie comme on lâche du lest. Le temps n'est pas si lointain, pourtant, où il affirmait son attachement indéfectible aux trésors de sa collection. En 1995, il avait prêté dix de ses plus belles pièces – dont un somptueux *Portrait de Jacqueline* par Picasso – au musée d'Art moderne de la Ville de Paris pour une exposition intitulée « Passions privées ». Le catalogue édité à cette occasion ne mentionnait pas son nom : il avait exigé l'anonymat. Il s'y présentait néanmoins comme « un collectionneur » ne cédant « ni à la mode ni à la tentation de la spéculation », se laissant guider par « les relations avec les peintres et les artistes ». « Vous êtes-vous déjà séparé de certaines œuvres ? L'avez-vous regretté ? Envisagez-vous de le faire ? » lui avait-on demandé. À quoi il avait répondu : « Jamais. Je n'ai donc pas eu à le regretter et je n'envisage pas de le faire, sauf en cas de nécessité : installation d'un enfant ou toute autre raison à caractère matériel. » Demi-mensonge qu'il feint d'ignorer, lorsqu'il assure aux juges avoir vendu, de 1985 à 1995, au moins deux dessins de Picasso et quatre bronzes de

Giacometti. Mais il n'est plus à une contradiction près. Le produit de ces opérations, jure-t-il, a permis de financer l'acquisition d'appartements destinés à ses enfants. « Au cas où il m'arriverait quelque chose », confie-t-il. Qui étaient ces acheteurs qui ne payaient qu'en espèces ? Là encore, la mémoire lui fait défaut. À une exception près, il ne se souvient plus du nom des clients, ni si les ventes furent déclarées aux douanes, les plus-values aux impôts. Dans un cas au moins, il admet avoir eu recours à l'intervention d'un ami, expert en art et ancien membre de son cabinet au Quai d'Orsay, pour lui servir de « prête-nom » dans la cession, en 1990, d'une sculpture de Giacometti à une galerie londonienne. L'opacité de la transaction, risque-t-il, s'expliquait par des « raisons personnelles ». Lesquelles ? « À l'époque, j'étais ministre[1]. »

Chacun de ses interrogatoires est une épreuve. Les juges se montrent courtoises, mais elles l'encerclent, le submergent de questions sur de menus détails. À ses avocats, il dit ne pas comprendre leur stratégie, pourtant si transparente. Lui alterne la grogne et l'ironie, l'indignation et la grandiloquence. « Je ne me laisserai pas faire, lance-t-il. Je ne serai pas Cicéron qui a tendu son cou aux spadassins d'Antoine[2]. » Mais il donne l'impression de se débattre dans des sables mouvants : plus il gesticule, plus il s'enfonce. Pendant

1. Interrogatoire de Roland Dumas, 12 juin 1998.
2. Interrogatoire de Roland Dumas, 18 septembre 1998.

ce temps, dans le bureau d'Eva Joly, se succèdent les témoins à charge – toujours des femmes, d'ailleurs. Un jour, c'est la directrice de l'association Giacometti, Mary Lisa Palmer, qui laisse entendre que Roland Dumas n'aurait pas déployé tous les efforts nécessaires à la création d'une fondatior dédiée au sculpteur. Elle livre, au passage, la longue liste des œuvres cédées à Roland Dumas, à titre d'honoraires, par Annette, la veuve d'Alberto Giacometti. Plus tard, c'est Nahed Ojjeh, la troublante amie syrienne, qui confie, sur procès-verbal, les quelques désagréables souvenirs que lui a laissés sa fréquentation de l'ancien ministre des Affaires étrangères. Elle raconte ainsi, entre autres détails, que ce dernier aurait abusé de sa générosité pour s'approprier une série de mosaïques antiques que son père, le général Tlass, lui avaient expédiées de Damas pour décorer la piscine de son hôtel particulier. Poursuivant son récit, la veuve d'Akram Ojjeh, fameux intermédiaire spécialisé dans le commerce des armes, va jusqu'à évoquer des « commissions » qu'auraient perçues Roland Dumas en marge de certains grands contrats internationaux – mais sans apporter la moindre précision. Effectuée sous serment, cette déposition suscitera les objections des avocats de l'ancien ministre, mais jamais celui-ci n'en contestera le contenu, pas plus qu'il n'engagera de poursuites pour « dénonciation calomnieuse » contre son auteur.

Un seul de ses amis, le plus ancien sans doute, lui tend la main : Jean-Pierre François, le camarade du lycée de Limoges devenu financier prospère, l'exilé de Genève qui s'est tant appliqué, pendant tant d'années, à demeurer dans la pénombre et qui, pour lui, à cause de lui, est soudain attiré en pleine lumière. C'est Jean-Pierre François, affirme Roland Dumas, qui lui est venu en aide, en 1992, lorsque l'agence du Crédit lyonnais s'est inquiétée du remboursement tardif de son découvert. Comment ? L'ancien banquier lui a prêté 500 000 francs. Mais ce prêt n'a pas laissé davantage de traces que les opérations précédentes. Inexpliquablement, Jean-Pierre François lui aurait remis la somme en espèces, après avoir spécialement retiré les fonds auprès de sa banque parisienne. « Il pourra en apporter la preuve », affirme Roland Dumas[1]. Mais par quel moyen ? Les deux hommes n'auraient, à l'en croire, signé aucun document établissant l'existence du prêt, dont le montant n'aurait d'ailleurs pas été remboursé...

Défense toute fondée sur la dénégation, imparable, presque insolente, et pourtant si fragile... Comme le prêt consenti, en 1986, à Pierre Bérégovoy par Roger-Patrice Pelat – ce prêt d'un million de francs qui avait servi au futur Premier ministre à l'achat de son appartement et qui l'avait rattrapé, sept ans plus tard, comme une mauvaise action – le geste généreux de Jean-Pierre François, s'il a existé, a au moins été caché à l'administration fiscale. Négligence ? La chose est difficile à croire :

1. Interrogatoire de Roland Dumas, 12 juin 1998.

ce demi-million représentait un peu plus que son traitement annuel de ministre... Pierre Bérégovoy, lui, avait respecté les formes légales : il avait enregistré une reconnaissance de dette chez un notaire de Nevers. Lorsque le scandale l'avait surpris, ce scrupule l'avait certes honoré, mais en même temps cruellement desservi. Roland Dumas, lui, ignore ces méticulosités. L'imprudence, on le sait, fait partie de ses vieilles habitudes. « Faut-il rédiger un acte notarié entre deux amis d'un demi-siècle ? », s'insurge-t-il[1]. Il s'agace de se voir tracassé par de médiocres questions de chiffres, de dates et de règlements. Il se voudrait aérien, une fois encore, balayant dans un dédain mitterrandien d'aussi misérables affaires d'argent. Il refuse de réduire le bilan d'une vie à un bilan comptable. Citant Boileau et l'*Art poétique*, il suggère que « le vrai peut quelquefois n'être pas vraisemblable[2] ». Il aimerait, une fois de plus, qu'on le croie sur parole. Mais est-ce encore possible ?

1. *Le Figaro*, 11 septembre 1998.
2. Interrogatoire de Roland Dumas, 18 septembre 1998.

Épilogue

Ce sont des pièces à conviction. Sept blocs-notes à couverture orange et deux calepins, que Roland Dumas a noircis jour après jour, entre 1986 et 1994, de réflexions et de souvenirs personnels. Saisis par la police dans sa demeure de Saint-Selve, ces neuf carnets ont été placés sous scellés, versés au dossier d'instruction. Ils en constituent la pièce la plus secrète. Aucune copie n'en a été faite, nul ne peut les consulter sans autorisation spéciale des juges. Les avocats du président du Conseil constitutionnel en ont demandé la restitution. Eva Joly a refusé. Au fil des pages, les enquêteurs ont relevé la présence fréquente du prénom « Christine », mais ils ont considéré, dans leur rapport, que ces écrits ne recelaient rien d'autre que des « commentaires d'ordre privé ». Les confidences intimes s'y mêlent aux considérations politiques, les émotions de l'homme aux réflexions du ministre. À en croire les témoignages concordants de certains de leurs – rares – lecteurs, l'ancien ministre y aurait établi une sorte de nomenclature du mitterrandisme dont les éléments seraient classés en trois catégories : les « pur sucre », les « fidèles » et les « abjects ». Pour quelques-uns des plus hauts responsables du parti socialiste, cette classification s'accompagnerait d'appréciations peu amènes : l'un est qualifié d'« incapable », un autre de « sale con »... L'auteur, lui, s'est résolument rangé dans la première catégorie.

« Je fais toujours confiance à ceux que j'ai choisis, avait dit un jour François Mitterrand. Je suis toujours méfiant avant de les choisir[1]. » C'était avant son élection à la présidence de la République, avant l'exercice du pouvoir suprême pendant quatorze ans. La suite l'a montré : le propos valait profession de foi, sans doute bien davantage que tant de discours politiques prononcés au long des années, des carrières et des ambitions. S'il est une chose que François Mitterrand n'a jamais reniée, c'est sa fidélité envers ses amis – peut-être parce qu'elle était d'abord l'expression d'une fidélité à soi-même. Pour le meilleur et pour le pire.

Roland Dumas était de ceux-là. Le futur Président en avait fait un lieutenant dès les années cinquante. Il le garda à ses côtés jusqu'au bout de

1. *Ici et maintenant*, entretiens avec Guy Claisse, Fayard, 1980.

sa longue route. Sans doute avait-il perçu d'emblée, chez le jeune Limousin romantique entrant à l'Assemblée nationale, la dimension d'un vrai politique, qu'un style trop étincelant et des passions trop multiples contribuèrent par la suite à estomper. Comme lui, c'était un ambitieux capable d'attendre, un solitaire apte à commander, un égoïste préoccupé de plaire. Le jugement était sûr, et l'on aurait tort de confondre Roland Dumas avec le plus connu de ses nombreux personnages, celui d'un dandy désinvolte que rien ne peut atteindre. En 1958, il fut, avec François Mitterrand, l'un des quatre députés de l'UDSR à voter contre l'investiture par l'Assemblée du général de Gaulle comme dernier président du Conseil de la IVe République. En 1966, il devint l'« assistant » du même François Mitterrand, dans le « contre-gouvernement » imaginé par celui-ci pour préparer l'accession au pouvoir des socialistes. Puis encore l'un de ses messagers assidus auprès des communistes, au temps de l'Union de la gauche. Autant de missions de confiance, autant d'étapes dans une carrière prometteuse. À l'évidence, François Mitterrand l'avait *choisi*.

S'en serait-il méfié ensuite ? En 1981, lorsque le chef des socialistes français s'installa à l'Élysée et composa son premier gouvernement, Roland Dumas n'était pas là. À la cérémonie du Panthéon où le « peuple de gauche » était venu fêter la victoire, on l'avait aperçu, pourtant, sortant de la voiture du Président élu. Il n'y avait donc point de disgrâce. Il portait un costume beige qui le distinguait de la masse des autres, vêtus de gris ou de bleu marine comme il sied aux futurs ministres et aux barons d'un nouveau régime. Il expliquera plus tard que la faute de goût était involontaire : François Mitterrand l'avait entraîné avec lui sans lui laisser le temps de se changer. C'était une manière de suggérer que la véritable cause de sa différence était l'attachement que lui portait le Prince. Mais alors, pourquoi n'était-il pas ministre ? Lui-même jurait n'en rien savoir et ne masquait pas son dépit. Cependant qu'autour de lui couraient des rumeurs qu'il connaissait par cœur : trop d'argent, trop de séduction, trop de goût pour le luxe, pas assez de convictions. Roland Dumas, déjà, sentait le soufre.

Comme il en va toujours après les victoires, l'entourage du Président s'était étoffé. De nouveaux fidèles y étaient apparus, compensant le manque d'ancienneté par les certitudes affichées. Ceux-là n'appréciaient pas le « style Dumas », qui jurait avec la « force tranquille » du nouveau pouvoir : pas assez fort, et à l'évidence pas assez tranquille. Ils n'étaient pas les seuls. D'autres éminents mitterrandistes, au dévouement moins récent, s'étaient clairement prononcés contre l'« ami Roland » : parmi eux, Gaston Defferre et Robert Badinter. Pourtant le premier ne détestait pas l'aventure, le second ne méprisait pas la fortune – et tous deux, comme lui, étaient avocats. Mais ils nourrissaient déjà à son égard une méfiance manifeste, plus d'un an avant que n'éclate la trouble affaire Francisi, avec ses odeurs d'intrigue, de poudre et de tapis vert... S'ajoutait à la liste de ses adversaires Pierre Joxe qui, dans le sérail mitterrandien, semblait son parfait contraire. Grand bourgeois et haut fonctionnaire, il était aussi raide et austère que Roland Dumas était ondoyant et épicurien.

Defferre, Badinter, Joxe, d'autres sans doute... Ils eurent d'abord raison. Puis, dès 1983, François Mitterrand leur donna tort. Roland Dumas entra au gouvernement, d'abord comme ministre des Affaires européennes, puis comme chef de la diplomatie. Non que les avis sur lui eussent changé. La phrase, restée fameuse, de Roger-Patrice Pelat – « Mitterrand a deux avocats : Badinter pour le droit, Dumas pour le tordu » – est postérieure à sa nomination. Le vieux compagnon du Président connaissait son affaire. Dans les allées du pouvoir où circulait son calembour cruel, beaucoup tenaient le jeu de mots pour un jugement d'expert. Mais il faut croire que François Mitterrand, lui, s'en moquait. Le temps de la défiance était passé. Il imposa son choix. Et celui-ci valait absolution.

C'est ainsi que Roland Dumas est devenu la figure emblématique du mitterrandisme, ce système de pouvoir où les liens personnels priment les convictions, où l'arrangement prévaut sur les engagements. Après la mort de son inspirateur, il en est resté le symbole le plus éclatant. Le défunt Président aimait à lire chez les autres les défauts qu'il n'osait afficher. De ce point de vue, Roland Dumas avait tout pour le combler. Plus encore que lui-même, il évolue entre l'ombre et la lumière. Il aime les plaisirs et la vie facile. Et quand François Mitterrand cachait une double vie, il menait, lui, trois existences de front sans se dissimuler le moins du monde. L'homme, bien sûr, ne se résume pas à ses travers, pas plus que le mitterrandisme ne se réduit à ses renoncements. Tout cela n'en faisait certes pas un modèle, mais, pour le Président, au moins un complice. En tout cas, un ami à qui l'on peut confier des secrets.

« J'étais moins intime avec lui que certains, a dit Roland Dumas à l'un de ses portraitistes[1]. Mais il existait entre nous une vraie compréhension. Nous n'avions pas besoin de parler, en particulier en ce qui concerne la vie privée, domaine dans lequel il était à la fois extrêmement prudent et imprudent. Je savais qu'il savait et il savait que je savais. C'était à moi d'agir en conséquence. » Puis il ajoutait, moqueur : « Il faudrait un jour écrire un traité sur l'influence de la vie privée des hommes d'État sur leur comportement public. Ce serait surprenant et amusant. » Lui-même n'y songeait pas, on s'en doute. Pas plus qu'il ne pressentait qu'il lui serait bientôt demandé des comptes sur l'entrelacs de ses propres vies. La

1. Le journaliste Jacques Amalric. Cf. *Libération*, 23 octobre 1996.

confidence était destinée à souligner, encore et toujours, la confiance dont il avait été honoré : à ses yeux, elle comptait bien plus qu'une disposition testamentaire.

Car le président du Conseil constitutionnel, on le sait, se posait en légataire. Mais les droits de succession sont devenus plus lourds qu'il ne l'avait prévu. Pour se préserver lui-même, le voici tenu de défendre l'héritage dans sa globalité, jusque dans sa part d'ombre. En mettant lui-même en scène, à la fin de sa vie, la révélation publique de sa maladie puis de l'existence de sa fille, née hors mariage, François Mitterrand avait esquivé les interrogations légitimes sur une certaine forme de confusion du domaine privé avec la sphère publique dans l'exercice du pouvoir. La toute-puissance consentie à la tristement célèbre « cellule » antiterroriste de l'Élysée, à l'origine de tant de dérives, trouvait sa source dans cet embrouillamini dont l'essence est monarchique : de la nécessaire protection du chef de l'État, la mission de ces gendarmes très spéciaux avait été réduite à la préservation de ses secrets personnels[1]. De même, la tolérance dont bénéficia Roger-Patrice Pelat comme, à l'inverse, la vindicte concentrée sur l'écrivain-polémiste Jean-Edern Hallier avaient-elles beaucoup à voir avec la présence, hors champ, de la famille cachée du

1. Cf. Edwy Plenel, *Les Mots volés*, Stock, 1997.

Président. Cela aurait assurément mérité quelques explications dont les citoyens furent privés.

C'est pourquoi l'« affaire Dumas » déborde le cadre d'une simple enquête judiciaire. Il y a les faits, d'abord, et certains sont cruels : la compagne d'un ministre a perçu, d'une entreprise publique, des commissions considérables sur un marché d'État, sans autre justification que sa relation avec lui ; le même ministre disposait par ailleurs de sommes d'argent liquide dont l'origine demeure énigmatique. Il y a, aussi, les doutes qui en découlent : ils portent sur le comportement d'un membre du gouvernement, sur la désinvolture avec laquelle il a laissé s'imbriquer, fût-ce sans y prendre garde, son mode de vie personnel et ses responsabilités publiques. En cela, la dernière aventure de Roland Dumas, ce héros plus florentin que son maître lui-même, apparaît comme la suite prévisible d'un récit inachevé. Du mitterrandisme, règne en demi-teinte et parfois en trompe-l'œil, l'affaire Dumas n'est pas le résumé, mais plutôt une postface. Elle pose sans ambages une question qui méritait de l'être. Il n'y a pas encore été répondu.

En 1963, en Angleterre, un membre du gouvernement de Sa Majesté, le secrétaire d'État à la Guerre John Profumo, fut accusé d'avoir livré sur l'oreiller des informations relatives à la sécurité de son pays à une jeune femme rousse dont il s'était épris. La belle se prénommait Christine. C'était un mannequin réputé dont la vie sentimentale était agitée. Outre le ministre, elle fréquentait un capitaine de la marine soviétique attaché à l'ambassade d'URSS à Londres, identifié d'emblée par les services secrets britanniques comme un espion patenté. Un soir, alors qu'ils surveillaient l'officier, les agents anglais avait eu la surprise d'apercevoir, sortant de l'appartement de Miss Keller – c'était son nom –, un petit homme à chapeau melon dont les traits leur étaient familiers : John Profumo. Le ministre fut emporté par le scandale. « Il ne s'agit pas de fouiller dans la vie privée de M. Profumo, mais le pays doit être assuré qu'aucune atteinte n'a été portée à la sécurité nationale », déclarait alors le futur Premier ministre travailliste Harold Wilson. La question était bien là : jamais il ne fut établi que le moindre secret militaire avait été divulgué par cette aventureuse filière. John Profumo donna néanmoins sa démission, non pour une affaire de vertu, mais pour une question d'honneur.

Un quart de siècle plus tard, confronté au même dilemme, Roland Dumas a choisi de « tenir ». L'avocat qu'il est, habile et averti, plaide l'innocence – c'est-à-dire l'absence de preuves. L'homme d'État qu'il prétend être, lui, est absent des débats. Il se dit étranger à l'affaire. Son éternelle dualité lui tient lieu de système de défense. Sommé de retrouver sa cohérence, il cherche une dernière fois à se fuir. Au risque de se perdre.

Table

Ouvrage composé en Aster
par Dominique Guillaumin, Paris

Achevé d'imprimer en décembre 1998
sur presse Cameron
dans les ateliers de
Bussière Camedan Imprimeries
à Saint-Amand-Montrond (Cher)
pour le compte des Éditions Stock
27 rue Cassette, 75006 Paris

Imprimé en France

Dépôt légal : décembre 1998.
N° d'Édition : 3251. N° d'Impression : 985929/4.

54-07-5062-04/2

ISBN 2-234-0562-6